행정법 요론

설 계 경

법률출판사

머리말

행정법의 분야는 너무 방대하므로 행정법을 공부하는 학생들이 행정법을 이해하기에 쉽지 않다. 따라서 저자는 누구나 행정법을 쉽게 접근할 수 있고, 한 눈에 볼 수 있는 본서를 편찬하기에 이르렀다. 각 서점에 출판된 수많은 행정법 교재를 보더라도 대부분의 교재들이 방대한 양의 내용을 담고 있다. 이와 같은 방대한 행정법을 처음 접하는 초보자는 행정법을 보는 순간 너무 벅찬 느낌을 받게 될 것이다.

그러나 본서는 행정법의 기초 및 중요한 내용을 간략하게 정리하여 행정법의 초보자에게 길잡이가 될 수 있도록 쉽게 정리하였다. 요컨대, 행정법의 내용에 대한 기초개념과 행정법의 전체적인 내용을 한 눈에 볼 수 있도록 도표화 하여 요약정리 하였다. 물론 방대한 행정법을 한 마디로 간략하게 정리하여 설명하기에는 쉽지 않으나 저자는 그동안 행정법에 대한 연구와 강의를 통해서 얻은 지식을 토대로 본서를 집필하였다.

본 교과서의 특징은 아래와 같다.

첫째, 초보자도 쉽게 접근할 수 있도록 기본개념과 관련 이론을 간략하게 하여 정리하였다.

둘째, 행정법의 전체적인 맥락을 정리하여 초학자가 쉽게 볼 수 있도록 입체화 시켰다.

셋째, 행정법의 복잡한 이론 및 장황한 설명을 간략히 요약하여 핵심적인 내용을 도표화 하여 정리하였다.

넷째, 최근의 출제경향에 맞추어 중요한 내용과 판례 및 이론을 일목요연하게 정리하여 비교설명 하였다.

다섯째, 중요한 내용 및 중요판례를 간략하게 정리하여 수험생들에게도 최종 마무리 정리에 도움이 되도록 하였다.

끝으로 본서의 출간을 기꺼이 맡아 주신 법률출판사의 김용성 사장님 이하 직원 여러분들께 심심한 감사의 마음을 드립니다.

2015.12.1.

설계경 씀

차 례

제1편 행정법 서론

제2편 행정작용법

제3편 행정의 실효성확보수단

제4편 행정구제법

행정법 요론

제1편
행정법 서론

제1장

행 정

제1장 행 정

제1절 행정의 의의

Ⅰ. 행정개념의 성립

행정의 관념은 입법 및 사법의 관념과 함께 역사적 발전과정 속에서 형성되었다. 즉 18세기의 시민혁명에 의하여 절대군주제를 타도하고 권력분립제에 입각한 근대적 입헌주의의 성립으로 행정의 관념이 성립하였다.

Ⅱ. 권력분립이론

1. 권력분립의 의의

권력분립은 국가작용을 입법·행정·사법으로 나누고 각 부분에 각각 독립적 기구를 두어 그 권능을 분담케 함으로써 3권력 상호간에 견제와 균형을 기하는 것이다.

2. 근대적 권력분립이론

(1) 로크의 권력분립론

로크(John Locke)는 국가의 최고권력은 국민에게 있다는 것을 전제로 하여, "국가가 성립되면 입법권·집행권·동맹권의 3권이 성립하나 보통 동맹권은 집행권에 포함된다"고 하였다.

(2) 몽테스키외의 권력분립론

몽테스키외(Montesquieu)는 "시민의 자유가 보장되는 진정한 자유국가이기 위해서는 권력을 남용하지 못하도록 하기 위하여 '권력은 권력으로 견제'해야 한다"고 하였다.

3. 현대적 권력분립론

뢰벤슈타인(Karl Loewenstein)은 종래의 권력분립론이 그 평면적 분석에 의한 정태적인 분류로서의 성격을 벗어나지 못한 점을 비판하고, 이에 대한 동태적 권력분립론을 주장하였다.

권력분립의 본질	① 자유주의적 특징, ② 소극적 특징, ③ 회의적 특징, ④ 정치적 중립성의 특성	
근대적 권력분립이론	로크의 권력분립론	'시민정부2론'에서 2권분립론 주장 (영국의 의원내각제이론으로 발전)
	몽테스키외의 권력분립론	'법의 정신'에서 3권분립론 주장 (미국의 대통령제이론으로 발전)
현대적 권력분립론	Karl Loewenstein의 권력분립이론	① 정책결정권,[1] ② 정책집행권,[2] ③ 정책통제권[3]

1) 정책결정(politische Grundentscheidung)이라 함은 정치체제나 정부형태의 결정과

Ⅲ. 행정의 의미

1. 실질적 의미의 행정

실질적 의미의 행정이란 국가작용의 성질상의 차이를 전제로 하여 행정내용의 본질적 특징을 중심으로 구성되는 개념이다.[4]

(1) 긍정설

1) 소극설(공제설)

행성을 석극적으로 정의하시 않고, 국가작용 가운데 입법과 사법을 제외한 나머지를 행정으로 보는 입장이다. 오늘날의 독일에서의 우세한 입장이라 하겠으며,[5] 현재 일본의 통설적 견해이다.[6]

2) 적극설

(가) 목적실현설

행정을 특히 사법과 구별하여 사법을 법의 적용선언작용으로서 법질서의 유지를 목적으로 하는 작용이라 보고, 이에 대하여 행정을 국가목적 또는

같은 기본적인 정치적 선택, 교육제도, 경제질서, 환경문제와 같은 다양한 이해관계의 조정, 대외관계에 대한 기본적 결정 등 국가의 다수의 기본적인 정치적 결단을 의미한다.

2) 정책집행(Ausführung der politischen Entscheidung)이라 함은 이미 결정된 정책을 집행하는 것으로서의 기능을 말한다. 국가활동의 전영역에 관련되고 있으므로 입법부·행정부·사법부가 이 기능에 참여하게 된다. 집행을 위하여 의회가 시행입법을 제정하지만 이미 결정한 정책결정을 법률형식으로 집행하는 것이다

3) 정책통제(politiche Kontrolle)란 집행부를 포함한 모든 권력담당자의 공권력을 억제하고 한정하는 기능을 말한다.

4) 홍정선, 행정법원론(상), 1998, 10면.

5) 김남진, 행정법Ⅰ, 2000, 4면.

6) 김동희, 행정법Ⅰ, 1999, 4면.

공익목적의 실현을 위한 작용이라 한다.

(나) 결과실현설(양태설)

목적실현설을 보완하여 더욱 적극적·구체적으로 행정의 개념을 밝히려 하는 견해이다. 결과실현설의 내용은 학자에 따라 조금씩 차이가 있다.[7)]

(2) 부정설(기관양태설)

국가작용의 성질을 기준으로 입법·행정·사법을 나누어 이론적·실질적으로 개념규정을 하는 것은 불가능하다. 따라서 실정법질서의 단계적 구조와 국가기관의 기관양태의 차이에 따라 형식적 기준에 의해서만 구별이 가능하다고 하는 견해이다.

(3) 행정의 개념징표설

이는 포르스트호프가 "행정은 정의는 할 수 없고 다만 서술할 수 있을 뿐이다"[8)]라고 표현한 데서 잘 알 수 있다. 이러한 점에서 종래의 개념정의 방식에 의한 접근방법보다는 행정의 본질적 성격의 특징을 나타낼 수 있는 개념적 징표[9)]를 찾는 접근방법이 보다 유용하다는 견해이다.[10)]

---

7) 예컨대, "법률의 범위 안에서 법에 의거하여 행하여지는 장래에 대한 계속적인 형성활동"(포르스트호프)이라고 하거나, "법 아래서 법의 규제를 받으면서 현실적·구체적으로 국가목적의 적극적 실현을 위하여 행하여지는, 전체로서 통일성을 가지는 계속적인 형성적 국가활동"(田中二郎)이라고 한다.

8) E. Forsthoff, Lehrbuch des Verwaltungsrechts, München ; C. H. Beck, 1973, S. 1.

9) 행정의 개념징표로는 ① 공익 실현, ② 능동적·미래지향적 사회형성과정, ③ 법의 기속, ④ 다양한 행위형식 등이다.

10) 김남진, 행정법I, 5면 ; Ingo V. Münch, Verwaltung und Verwaltungsrecht im demokratischen und sozialen Rechtsstaat, in : Erischen/Martens(Hg.), Allgemeines Verwaltungsrecht(1986), Berlin : de Grugter, S. 5.

※ 실질적 의미의 행정에 관한 학설

<table>
<tr><td rowspan="3">긍정설</td><td>소극설
(공제설)</td><td colspan="2">국가작용 가운데 입법과 사법을 제외한 나머지를 행정</td></tr>
<tr><td rowspan="2">적극설</td><td>목적설</td><td>행정을 특히 사법과 구별하여 ① 사법은 법의 적용선언작용으로서 법질서의 유지를 목적으로 하는 작용, ② 행정은 국가목적 또는 공익목적의 실현을 위한 작용</td></tr>
<tr><td>결과실현설
(양태설)</td><td>① Sarwey는 "행정은 입법 · 사법 이외의 작용으로서 공익의 사실상 실현을 임무로 하는 국가작용", ② Forsthoff는 "행정은 법률의 범위 안에서 법률에 의거하여 행하여지는 장래에 대한 계속적인 사회형성활동", ③ 田中二郎은 "행정은 법 아래서 법의 규제를 받으면서 현실적 · 구체적으로 국가목적의 적극적 실현을 위하여 행해지는, 전체로서의 통일성을 가지는 계속적인 형성적 국가활동"</td></tr>
<tr><td>부정설
(기관양태설)</td><td colspan="3">국가작용의 성질을 기준으로 입법 · 행정 · 사법을 나누어 이론적 · 실질적으로 개념규정을 하는 것은 불가능하고 실정법질서의 단계적 구조와 국가기관의 기관양태의 차이라고 하는 형식적 기준에 의해서만 그 구별이 가능(켈젠, 메르클 등 순수법학파의 견해)</td></tr>
<tr><td>개념징표설</td><td colspan="3">포르스트호프는 "행정은 정의는 할 수 없고 다만 서술할 수 있을 뿐이다"라고 하여 행정의 개념적 징표로 ① 공익의 실현을 목적으로 하는 작용, ② 공동체의 사회형성에 주력, ③ 적극적이고 미래지향적인 형성작용, ④ 개별적 조치를 행하는 작용, ⑤ 포괄적인 지도와 통제를 받는 작용, ⑥ 다양한 행위형식을 통하여 그 임무 수행 등</td></tr>
</table>

※ 행정과 사법과의 구별

구분	행정	사법
신청	반드시 필요하지 않음	반드시 요함
적극성 여부	적극적, 능동적 작용	소극적, 수동적 작용
지배이념	합목적성	합법성
기관	계층적 기관	독립적 기관
절차	재량의 여지가 많음	행정에 비해 엄격한 법의 규제와 기속
시점	장래에 대한 계속적 형성활동	과거의 특정사건에 대한 개별적이고 일회적인 작용

2. 형식적 의미의 행정

형식적 의미의 행정이란 현실적인 국가기관을 기준으로 실정법에 의해 행정부에 부여되어 있는 작용을 말한다.

형식적 의미	실질적 의미	국가작용
입법	행정	국회사무총장 및 직원의 임명, 국회사무총장의 예산집행
행정	입법	조약체결, 대통령의 긴급명령, 대통령령 · 총리령 · 부령의 제정, 중앙선거관리위원회 규칙제정
사법	행정	대법원장의 일반법관임명, 법원행정처장의 직원임명, 대법원장의 예산집행, 토지등기
행정	사법	이의신청에 대한 결정, 소청심사위원회의 재결, 행정심판의 재결, 토지수용재결, 징계의결, 통고처분, 대통령의 사면 · 감형 · 복권
행정	행정	각종 증명서 발급, 대집행의 계고, 대통령의 공무원임명, 영업허가, 조세체납처분, 토지수용
사법	입법	대법원규칙의 제정

제2절 통치행위

Ⅰ. 의의

통치행위란 국가최고정치기관의 행위 중에서 특히 고도의 정치적 성격을 지닌 행위로서, 사법심사의 대상으로 하기에는 적절치 못할 뿐만 아니라, 그에 대한 판결이 있는 경우에도 집행이 곤란한 국가작용을 말한다.

Ⅱ. 통치행위의 이론적 근거

1. 긍정설

(1) 사법자제설

통치행위가 사법심사의 대상에서 제외되는 이유는 법원이 정치문제에 말려들기를 꺼려하여 스스로 그에 관한 판단을 자제·사양하여야 한다는 데 있다고 하는 견해이다.

(2) 재량행위설

통치행위는 정치문제이며 정치문제는 국가최고기관의 정치적 재량(자유재량행위)에 속하는 행위이므로 그 권한행사에 있어서는 행위의 타당성 또는 합목적성 여부의 문제만 발생할 뿐 위법성의 문제는 발생하지 아니하므로 사법심사의 대상에서 제외된다는 견해이다.

(3) 내재적 한계설(권력분립설)

법원의 사법심사권에는 권력분립의 견지에서 나오는 일정한 내재적 한계가 존재하는 바, 통치행위에 대한 법원의 심사는 그 한계를 넘어선다는 것이다. 이 견해는 미국의 통설과 판례의 태도이기도 하다.[11]

(4) 대권행위설

영국법상의 대권행위불심사사상에 근거를 둔 것으로서, '왕은 제소되지 아니 한다'의 원칙하에 국가승인, 선전포고, 조약체결 등 사법심사에서 제외되는 행위들을 국사행위 또는 대권행위라 불리우며 이론과 판례상으로 승인되고 있다.

2. 부정설

법치주의가 완전히 실시되고, 행정소송에서 개괄주의를 취하고 있는 이상 모든 국가작용은 사법심사에서 제외되는 통치행위의 관념은 인정될 수 없다고 한다.

11) Louis L. Jaffe, Judical Control of Administrative Action(Boston : Lietle, Brown & Company, 1965), pp. 363, et seq.

※ **통치행위 관련 학설**

긍정설	사법부자제설	법원이 정치문제에 말려들기를 꺼려하여 스스로 그에 관한 판단을 자제 · 사양하여야 한다는 견해(프랑스)
	재량행위설	통치행위는 정치문제이며 정치문제는 국가최고기관의 정치적 재량(자유재량행위)에 속하는 행위이므로 사법심사의 대상에서 제외된다는 견해
	내재적 한계설 (권력분립설)	통치행위에 대한 법원의 심사는 그 한계를 넘어선다는 견해(미국)
	대권행위설	통치행위는 국가행위대권에 근거한 행위라고 하여 사법심사에서 제외된다는 견해(영국)
부정설	법치주의가 완전히 실시되고, 행정소송에서 개괄주의를 취하고 있는 이상 통치행위도 사법심사에서 제외될 수 없다는 견해	

Ⅲ. 우리나라의 통치행위

1. 헌법규정

헌법 제64조 제4항은 국회의원의 자격심사·징계·제명처분에 대해서는 법원에 제소할 수 없다고 규정하고 있으나, 이 규정 이외의 다른 명시적 규정이 없기 때문에 통치행위의 관념을 인정한다 하여도 학설과 판례에 기대할 수밖에 없다.

2. 학설

(1) 부정설

법치주의가 완전히 실시되고 행정소송에 있어 개괄주의가 인정되는 이상 모든 행정작용은 사법심사의 대상에서 제외될 수 없다는 입장에서 통치행

위의 관념을 부정한다.[12]

(2) 긍정설

우리나라에 있어서도 통치행위를 인정하는 것이 지배적인 견해라 할 수 있다. 그리고 인정하는 근거로서는 내재적 한계설 또는 권력분립설이 다수의 지지를 받고 있는 듯이 보인다.

(3) 통치행위의 예

1) 정부의 행위

① 외교행위·전쟁·사면·영전수여 등 국가원수의 지위에서 행하는 일정한 국가작용, ② 국무총리임명 등 조직법상 행위, ③ 법률안거부, 국민투표회부, 긴급명령, 긴급재정·경제명령 등 일련의 행위는 통치행위에 해당한다.

2) 국회의 행위

국무총리·국무위원해임의 건의, 국회의원의 징계, 국회의 조직행위 등의 국회의 행위도 성질상 통치행위의 일종으로 볼 수 있다.[13]

---

12) 김철용, 우리 헌법과 통치행위, 법정, 1964. 6, 54면.
13) 홍정선, 행정법원론, 24면.

※ 통치행위의 요약정리

<table>
<tr><td>헌법
규정</td><td colspan="2">국회의원의 자격심사 · 징계 · 제명처분에 대해서는 법원에 제소할 수 없다(제64조 제4항).</td></tr>
<tr><td rowspan="2">학설</td><td>부정설</td><td>법치주의가 완전히 실시되고 행정소송에 있어 개괄주의가 인정되는 이상 모든 행정작용은 사법심사의 대상이 된다(통치행위 부정)</td></tr>
<tr><td>긍정설</td><td>우리나라에 있어서도 통치행위를 인정하는 것이 지배적인 견해</td></tr>
<tr><td rowspan="2">사례</td><td>정부의
행위</td><td>① 외교행위 · 전쟁 · 사면 · 영전수여 등 국가원수의 지위에서 행하는 일정한 국가작용, ② 국무총리임명 등 조직법상 행위, ③ 법률안거부, 국민투표회부, 긴급명령, 긴급재정 · 경제명령, ④ 국회해산, ⑤ 임시국회소집요구, ⑥ 법률안거부, ⑦ 남북회담제의 등.</td></tr>
<tr><td>국회의
행위</td><td>국무총리 · 국무위원해임의 건의, 국회의원의 징계, 국회의 조직행위 등의 국회의 행위.</td></tr>
<tr><td>판례</td><td colspan="2">① 대통령의 비상계엄선포행위, ② 군사시설보호구역의 설정변경, ③ 대통령의 사면(명시적인 것은 아님), ④ 대통령의 지방자치단체선거연기, ⑤ 금융실명거래및비밀보장에 관한 긴급재정 · 경제명령(국민의 기본권 침해와 관련되는 경우에는 당연히 헌법재판소의 심판대상이 됨), ⑥ 국군의 해외판견결정, ⑦ 수도이전문제를 국민투표에 부칠지 여부에 대한 대통령의 의사결정, ⑧ 대북송금(대북송급행위 자체는 통치행위가 아님) 등</td></tr>
</table>

《판례》

남북정상회담의 개최는 고도의 정치적 성격을 지니고 있는 행위로 특별한 사정이 없는 한 그 당부를 심판하는 것은 사법권의 내재적 · 본질적 한계를 넘어서는 것이지만, 남북정상회담의 개최과정에서 재정경제부장관에게 신고하지 아니하거나 통일부장관이 협력사업 승인을 얻지 아니한 채 북한측에 사업권의 대가 명목으로 송금한 행위 자체는 헌법상 법치국가의 원리와 법 앞에 평등원칙 등에 비추어 사법심사의 대상이 된다(대판 2004.3.26., 2003도7878)

제2장

행 정 법

제2장 행정법

제1절 행정법의 의의

행정법은 행정주체의 조직·작용 및 행정구제에 관한 국내공법을 말한다.

제2절 법치국가원리

Ⅰ. 개설

법치국가원리(법치주의)란 근대국가의 입헌주의의 이념에 따라 자의적인 인의 지배를 지양하고 법의 지배를 확립하는 정치원리로서, 인권보장을 위하여 모든 국가작용은 법에 따라 행하여져야 한다는 것을 말한다.[14]

14) 법치주의는 형식적 법치주의와 실질적 법치주의로 구분할 수 있다. 즉, 형식적 법치주의는 의회가 제정한 법률에 의거하여 행정권이 발동되기만 하면 충분하며, 더 이상 그 법률의 목적이나 내용의 정당성 여부는 묻지 아니하는 것이다. 이에 반하여 실질적 법치주의란 행정권의 발동이 형식적인 법률에 의하여 행하여지기만 하면 되는 데에 그치지 아니하고, 나아가 법률의 내용 그 자체가 국민

Ⅱ. 행정의 법률적합성

행정의 법률적합성의 원칙(법률에 의한 행정의 원리)이란 행정작용은 법률의 근거에서 법률의 기속을 받으며 행하여져야 하며, 만약 이를 위반해서 개인에게 피해가 생기면 이에 대해 사법적인 구제가 주어지는 것을 말한다.

1. 법률의 법규창조력

법률의 법규창조력이라 함은 제정된 법률만이 국민을 구속하는 힘, 즉 법규로서의 구속력이 있다는 것을 의미한다.

2. 법률우위의 원칙

법률우위의 원칙이란 모든 행정작용은 헌법과 법률에 위반하여 행사되어서는 아니 된다는 원칙이다.

3. 법률유보의 원칙

(1) 의의

법률유보의 원칙은 행정작용이 법률에 근거하여 행하여져야 함을 의미한다. 이 원칙은 19세기 독일의 입헌군주제하에 있어서 군주로 대표되는 행정과 의회로 대표되는 시민과의 타협의 소산이다.

의 자유와 권리를 부당하게 침해하는 것이어서는 아니 된다는 것이다.

(2) 적용범위

법률유보의 원칙에 관하여는 ① 침해유보설, ② 권력행정유보설, ③ 전부유보설, ④ 사회유보설(급부행정유보설), ⑤ 본질사항유보설(중요사항유보설, 본질성설), ⑥신침해유보설 등의 학설이 대립한다.

※ 법률유보원칙의 적용범위에 관한 학설

학설	내용	참고
침해유보설	행정이 개인의 자유와 권리를 규제·제한하는 데에는 반드시 법률의 근거가 있어야 하고, 그 이외의 행정활동에는 기존의 법률에 저촉되지 않는 한 자유로이 행할 수 있다는 견해	· 19세기의 자유주의적 이념에 기초 · 특별권력관계 내부에서는 적용되지 않음
권력행정유보설	행정작용의 침익성·수익성을 불문하고 국민의 권리·의무가 규율되는 모든 권력적 행정작용은 법률유보의 대상이 된다는 견해	
급부행정유보설 (사회유보설)	전통적인 침해행정 이외에 급부행정 영역에도 법률유보가 있어야 한다는 견해	
전부유보설	침익적 행정이건 수익적 행정이건 또한 권력적·비권력적 행정을 불문하고 법률의 근거를 요한다는 견해	
중요사항유보설 (본질성설)	법치국가원리·민주주의원리 및 기본법상의 기본권으로부터 나오는 결과로서 어느 행정영역의 기본적 질서에 대한 본질적인 결정은 법률에 유보되어야 하고 행정에 맡겨져서는 아니된다는 견해	① 독일 연방헌법재판소의 판례를 통하여 성립됨 ② 우리 헌법재판소 견해 ③ 의회유보론과 관련
신침해유보설	기본적으로 침해유보설의 입장에 서면서도 행정영역에 따라 법률유보의 적용범위를 달리함	· 특별권력관계 내부에도 법률유보의 원칙이 적용

제3절 행정법의 법원

Ⅰ. 개설

1. 행정법의 법원의 의의

우리나라에서는 행정법의 법원을 일반적으로 행정권의 조직과 작용에 관한 실정법의 존재형식 또는 법의 경험적인 인식근거를 말한다. 일반적으로 행정법은 성문법의 형식으로 존재하는 것이 원칙이나, 불문법의 형식으로 존재하는 경우도 있다.

2. 행정법의 성문법주의

일반적으로 실정법질서의 존재형식으로서, 성문법주의를 취하고 있는 대륙법계는 물론 불문법주의를 취하고 있는 영미법계에서도 근래에는 대부분의 국가가 성문법주의를 원칙으로 하고 있다.

Ⅱ. 행정법의 성문법원

1. 헌법

헌법은 국가의 통치권 전반에 관한 기본조직과 작용을 규율하는 기본법으로서 그 중에서 행정조직과 행정작용에 관한 규정은 행정법의 법원 중에

서 최고의 법원이 된다.[15)]

2. 법률

성문의 행정법은 원칙적으로 형식적 의미의 법률, 즉 국회가 헌법상의 입법절차에 따라 제정하는 법률의 형식으로 존재한다. 행정법이 국회입법의 원칙과 법률에 의한 행정의 원칙을 채택하고 있기 때문에 법률은 행정법의 가장 중요한 법원이 된다.

3. 명령

명령이라 함은 국가행정권에 의하여 정립되는 법규를 총칭한 것으로 법률에 대응하는 말이다. 이러한 명령은 국가와 국민을 다 같이 구속하는 일반적·추상적 규범인 법규명령과 행정조직 내부 또는 특별권력관계에 관한 규율인 행정규칙 또는 특별명령으로 나뉘어 진다.

4. 조약 및 국제법규

조약이란 협약·협정·약정·의정서 등 그 명칭 여하를 불문하고 국가와 국가 사이 또는 국가와 국제기구 사이의 법적 효력이 있는 문서에 의한 합의를 말한다. 국제법규란 우리나라가 당사국이 아닌 조약으로서 국제사회에서 일반적으로 그 규범성이 승인된 것과 국제관습법을 말한다.

---

15) 헌법과 행정법과의 관계에 관하여 O.Mayer는 "헌법은 변하나 행정법은 존속한다"라고 한 반면, Werner는 "구체화된 헌법으로서의 행정법"이라고 하였다.

5. 자치법규

자치법규란 지방자치단체 또는 그 기관이 법령의 범위 안에서 제정하는 자치에 관한 규정(헌법 제117조 1항)을 말한다. 여기에는 지방의회가 제정하는 조례와 지방자치단체의 집행기관인 장이 제정하는 규칙이 있다.

Ⅲ. 행정법의 불문법원

1. 관습법

(1) 관습법의 의의

관습법은 행정의 영역에서 국민의 전부 또는 일부 사이에 다년간 계속하여 동일한 사실이 관행으로서 반복되고 이 관행이 일반국민의 법적 확신을 얻어 법적 규범으로 인식·승인된 것을 말한다.

(2) 관습법의 성립요건

관습법은 객관적 요소로서의 관행과 주관적 요소로서의 법적 확신의 결합에 의하여 성립된다. 그러나 그 외에도 법으로서 구속력을 갖기 위하여 국가의 승인이 필요한지에 대하여는 견해가 대립되고 있으나, 통설[16] 및 판례[17]는 법적 확신설의 견해를 따른다.

---

16) E. Forsthoff, Lehrbuch des Verwaltungsrechts, 2 Bd., Allgemeiner Teil, 10. Aufl., S. 144 ff. ; 김남진, 행정법Ⅰ, 65면 ; 박윤흔, 행정법강의(상), 73면 ; 석종현, 일반행정법(상) 159면 ; 이상규, 신행정법(상), 134면.

17) 관습법이란 사회의 거듭된 관행으로 생성한 사회생활규범이 사회의 법적확신과 인식에 의하여 법적 규범으로 승인 강행되기에 이르는 것을 말하고, 사실인 관습은 사회의 관행에 의하여 발생한 사회생활규범인 점에서는 관습법과 같으나 다만 사실인 관습은 사회의 법적 확신이나 인식에 의하여 법적 규범으로서 승인될 정도에 이르지 않은 것을 말한다(대판 1983. 6. 14, 80다3231).

(3) 관습법의 법원성 인정여부

관습법의 법원성에 대하여는 소극설과 적극설이 대립하고 있다. 그러나 오랫동안 계속되는 관행이 국민 일반의 법적 확신을 얻게 되었을 경우에 그의 법원성을 인정하는 것이 보다 현실적이라 할 것이다. 따라서 법원성을 인정하는 것이 오늘날의 적극행정의 요청에도 부응하는 것이라 할 수 있다.[18]

(4) 관습법의 종류

1) 행정선례법

행정선례법이란 행정조직이나 운용에 있어서 행정청의 선례가 장기적으로 반복되어 시행됨으로써 국민의 법적 확신을 얻는 것을 말한다. 국세기본법 제18조 제3항[19]은 세무행정에서의 행정선례법의 존재를 명시하고 있다.

《판례》

비과세의 사실상태가 장기간에 걸쳐 계속된 경우에, 그것이 그 사항에 대하여 과세의 대상으로 삼지 아니한다는 뜻의 과세관청의 묵시적인 의사표시로 볼 수 있는 경우에는 이를 국세행정의 관행이라고 인정할 수 있다(대판 1987. 2. 24, 87누771).

---

18) 이상규, 신행정법론(상), 141~142면.

19) 제18조 제3항 : 세법의 해석이나 국세행정의 관행이 일반적으로 납세자에게 받아들여진 후에는 그 해석이나 관행에 의한 행위 또는 계산은 정당한 것으로 보며, 새로운 해석이나 관행에 의하여 소급하여 과세되지 아니한다.

2) 민중적 관습법

민중 사이에 공법관계에 관한 일정한 관행이 다년간 계속됨으로써 이 관행이 일반적으로 인식·존중되었을 때 이를 민중적 관습법이라 한다. 그 예로는 관습상의 유수사용권(관개용수리권·음용용수권·유지사용권·유수권 등), 입어권(수산업법 제40조) 등이 있다.

《판례》

종전부터 관행에 의하여 원피고들이 공동 어업을 하여 왔던 사실이 있으며, 이 관행에 의한 입어는 수산업법 제40조에 의하여 법률상 보호되는 이익으로서 공동어업권자에 대하여 주장하고 행사할 수 있을 뿐만 아니라, 이를 침해하는 제3자에 대하여는 그 배제를 청구할 수 있는 권리로 해석함이 적절하다(대판 1963. 2. 28, 62다882).

2. 판례법

(1) 의의

행정사건에 관한 법원의 판결은 추상적인 행정법규의 내용을 구체화하고 명백히 하여 무엇이 법인지를 선언한다. 이러한 판결은 직접적으로는 당해 사건의 분쟁을 해결함을 목적으로 하는 것이다. 그러나 그 속에 내포되어 있는 합리성은 장래의 같은 종류의 사건에 대해서도 하나의 지침이 될 수 있다. 따라서 판례의 일반적인 규범성이 인정되어 판례법이 성립하게 되며, 그 한도 내에서 행정법의 법원이 될 수 있다.

(2) 판례법의 법원성

1) 영미법계

영미법계의 국가에서는 '판례구속성의 원리'가 확립되어 상급법원의 판결은 장래에 발생되는 같은 성질의 사건에 대하여 하급법원을 구속하는 법적 효력을 가진다.

2) 대륙법계

프랑스·독일·일본 등의 대륙법계 국가에서는 최고법원은 자기 판례를 변경할 수 있다. 또한 그 판례는 하급법원을 법적으로 구속하는 힘은 없고 사실상의 구속력만 있을 뿐이다. 따라서 하급심이 최고법원의 보수성에 도전함으로써 판례가 변경될 수 있는 소지가 영미에 비하여 크며, 판례법의 법원으로서의 지위는 약하다고 할 것이다.

3) 우리나라

우리나라도 다른 대륙법계의 국가와 마찬가지로 판례구속성 원칙은 인정되지 않는다.[20] 그러나 대법원의 판례가 가지는 현실적 구속력은 무시할 수 없으므로, 판례법은 현실적으로 행정법의 법원으로서의 성격을 가지고 있다고 보아야 할 것이다.

20) 법원조직법은 「상급법원의 재판에 있어서의 판단은 당해 사건에 관하여 하급심을 기속한다」(동법 제8조)라고 규정하고 있으며, 민사소송법은 상고사건에서 「환송 또는 이송을 받은 법원은 … 상고법원의 파기이유로 한 사실상과 법률상의 판단에 기속을 받는다」(동법 제406조 2항)고 규정하고 있다.

※ 관습법

<table>
<tr><td>의의</td><td colspan="2">행정의 영역에서 국민의 전부 또는 일부 사이에 다년간 계속하여 동일한 사실이 관행으로서 반복되고 이 관행이 일반국민의 법적 확신을 얻어 법적 규범으로 인식 · 승인된 것</td></tr>
<tr><td>성립
요건</td><td colspan="2">① 객관적 요소로서의 관행과 주관적 요소로서의 법적 확신의 결합에 의하여 성립된다는 견해(법적 확신설–판례, 통설)와, ② 그 외에도 법으로서 구속력을 가지기 위하여 국가의 승인이 필요하다는 견해(국가승인설)가 대립</td></tr>
<tr><td>효력</td><td colspan="2">① 성문법의 규정이 불비된 경우에 보충적인 효력만을 인정하는 보충적 효력설(통설)과 ② 성문법이 존재하는 분야에서도 성문법과 저촉되는 경우에는 성문법의 개폐도 인정하는 개폐적 효력설이 대립</td></tr>
<tr><td rowspan="2">종류</td><td>행정
선례법</td><td>행정조직이나 운용에 있어서 행정청의 선례가 장기적으로 반복되어 시행됨으로써 국민의 법적 확신을 얻는 것(국세기본법 제18조, 판례도 인정)</td></tr>
<tr><td>민중적
관습법</td><td>민중 사이에 공법관계에 관한 일정한 관행이 다년간 계속됨으로써 그 관행이 일반적으로 인식 · 존중되었을 때 인정(관습상의 유수사용권(관개용수리권 · 음용용수권 · 유지사용권 · 유수권), 입어권(수산업법 제40조) 등)</td></tr>
</table>

3. 조리법

(1) 의의

조리란 사물의 본질적 법칙 또는 일반사회의 정의감에 비추어 반드시 그러하여야 할 것이라고 인정되는 것을 말한다.

(2) 조리의 법원성

행정법은 ① 총칙규정이 없고, ② 그 규율대상인 행정자체가 복잡다기하여 법규가 예상하지 못한 사태가 발생하는 일이 많으며, ③ 행정법규는 모순결함이 많고 법규 상호간에 횡적 통일성이 없기 때문에 다른 분야보다도 법원으로서 중요성을 가진다. 따라서 통설과 판례는 행정법에서도 조리의 법원성을 인정한다.

제4절 행정법의 일반원칙

Ⅰ. 비례의 원칙

1. 의의

비례의 원칙(과잉금지의 원칙)은 행정주체가 행정작용을 행함에 있어 행정목적과 그 목적을 실현하기 위한 수단 사이에서 합리적인 비례관계가 이루어져야 한다는 원칙이다.

2. 근거

비례원칙은 헌법 제37조 2항의 기본권제한에 관한 일반적 법률유보조항(국민의 자유와 권리는 … 필요한 경우에 한하여 법률로써 제한할 수 있으며, …)을 들 수 있다. 또한 경찰관직무집행법 제1조 2항은 「이 법에 규정된 경찰관의 직권은 그 직무 수행에 필요한 최소한노에서 행사되어야 하며 남용되어서는 아니 된다」고 하여 이 원칙의 근거규정이 된다. 그밖에 행정소송법 제27조, 식품위생법 제33조 등에서도 나타난다.

3. 적용범위

비례원칙은 독일의 경찰법상의 판례법으로 발전되었으며, 오늘날에는 권력행정의 전 영역에 적용되고 있음은 물론 비권력적인 급부행정의 영역 등 모든 행정영역에 걸쳐 적용되는 원칙이다.

4. 내용

(1) 적합성의 원칙

적합성의 원칙이라 함은 행정기관이 의도하는 목표를 달성함에 있어 그가 취하는 조치 또는 수단이 법적으로나 사실상으로나 적합해야 한다는 것이다.

(2) 필요성의 원칙

필요성의 원칙(최소침해의 원칙)이라 함은 행정목적을 달성할 수 있는 여러 적합한 수단 중에서 관계자에게 가장 적은 부담을 주는 수단을 선택해야 한다는 것이다.

(3) 협의의 비례의 원칙

협의의 비례의 원칙(상당성의 원칙)이란 행정기관이 목적실현을 위하여 필요한 조치를 취함에 있어서 그 조치에 의하여 나타나는 불이익이 얻어지는 공익보다 큰 경우에는 당해 행정조치를 취해서는 아니 된다는 것이다.

※ 비례의 원칙(과잉금지의 원칙, 광의의 비례원칙)

<table>
<tr><td>의의</td><td colspan="2">행정주체가 행정작용을 행함에 있어 행정목적과 그 목적을 실현하기 위한 수단 사이에서 합리적인 비례관계가 이루어져야 한다는 원칙(독일의 판례에 의하여 경찰법상으로 발전됨)</td></tr>
<tr><td>실정법상의 근거</td><td colspan="2">① 헌법 제37조 제2항, ② 경찰관직무집행법 제1조 제2항, ③ 행정소송법 제27조, 식품위생법 제62조 제4항 등</td></tr>
<tr><td>적용범위</td><td colspan="2">오늘날에는 행정법의 전영역에 적용(특히 재량권행사의 한계, 부관의 한계, 취소권 · 철회권행사의 제한, 사정판결, 경찰권발동의 한계, 급부행정의 한계 등의 영역에서 활용)</td></tr>
<tr><td rowspan="3">내용</td><td>적합성의 원칙</td><td>행정기관이 의도하는 목표를 달성함에 있어 그가 취하는 조치 또는 수단이 법적으로나 사실상으로나 적합해야 함</td></tr>
<tr><td>필요성의 원칙</td><td>행정목적을 달성할 수 있는 여러 적합한 수단 중에서 관계자에게 가장 적은 부담을 주는 수단을 선택해야 한다는 것(최소침해의 원칙)</td></tr>
<tr><td>상당성의 원칙</td><td>행정기관이 목적실현을 위하여 필요한 조치를 취하는 경우에, 그 조치로 인하여 사익침해가 그로 인하여 초래되는 공익보다 큰 경우에는 당해 행정조치를 취해서는 아니 됨(협의의 비례원칙). 예) '대포로 참새를 쏘아서는 아니 된다. 그것이 버찌나무에 앉아 있는 참새를 쫓기 위한 유일한 수단일지라도'</td></tr>
</table>

Ⅱ. 신뢰보호의 원칙

1. 서설

(1) 신뢰보호원칙의 의의

신뢰보호의 원칙이란 행정기관의 어떤 언동(명시적 언동·묵시적 언동)이 있고 그 언동의 정당성 또는 존속성에 대하여 국민이 신뢰한 경우, 그 신뢰가 보호가치있는 것일 때에는 마땅히 보호되어야 한다는 원칙이다.

(2) 발전유래

신뢰보호의 관념은 독일에서 학설·판례상 인정되어 발전하였다. 특히 독일의 행정절차법에서 위법한 수익적 행정행위의 직권취소의 제한·철회의 제한·확약 등의 실정화는 이 신뢰보호원칙을 근거로 한 것이다.

한편, 영미법상의 금반언의 원칙도 신뢰보호의 원칙과 유사한 이념을 가진 것이다. 금반언의 원칙은 원래 사법분야에서 널리 적용되었던 원칙이지만, 공법의 영역에도 인정되고 있는 것이다.[21)]

2. 신뢰보호의 근거

(1) 이론적 근거

1) 신의칙설

법의 일반원칙인 신의성실의 원칙은 사법에서 발달한 것이지만 행정법관

---

21) 금반언의 원칙에 관하여 자세한 것은 Garner's Administrative Law 6th ed, 1985. pp.119~123; K. C. Davis, Administrative Law Text, 3rd ed, 1972. pp.343~358.

계에도 그대로 적용되므로 신뢰보호의 근거가 된다고 하는 견해이다. 독일 행정법원은 유명한 미망인사건[22]에서 신의성실의 원칙을 근거로 피고(미망인)의 신뢰를 보호하는 판결을 내린바 있다.

2) 법적안정성설

신뢰보호원칙은 법치국가원리 내지는 법치국가의 내용 중의 하나인 법적 안정성에서 도출되는 원칙이라고 한다. 법치국가의 결과로서 간주되는 원칙이기 때문에 당연히 헌법적 차원의 원칙이라 한다. 우리의 헌법재판소도 같은 견해를 취한다.[23]

3) 기타

신뢰보호의 원칙의 이론적 근거에 관해서는 이상의 학설 이외에 ① 사회국가원리설, ② 기본권설, ③ 독자성설 등이 있다.

---

22) BverWGE 9, 251ff. 이 사건은 동베를린에 거주하는 원고가 서베를린에 이주하면 미망인 부조금을 받을 수 있다는 관계행정기관(Berlin-Senator)의 교시를 믿고 서베를린에 이주하여 문제의 부조금을 받아오던 중, 1년 후 피고행정청이 원고의 청구권은 기일의 요건을 충족하지 않았으므로 인하여 이미 실권된 것이라 하여 원고에 대하여 부조금의 반환을 청구함으로써 발단된 사건이다. 이 사건에서 행정법원은 신의성실의 원칙을 채용하여 다음과 같이 원고의 청구를 인용하였다. 즉 「위법한 행정행위를 취소할 수 있음은 법치국가사상 및 법률에 의한 행정의 구속원칙에 비추어 당연시된다. 그러나 공법까지도 지배하고 있는 신의성실의 원칙에 반하는 처분(취소)은 위법이다. 신의성실의 원칙은 수익자가 결정의 적법성을 신뢰할 만한 합리적인 이유가 있을 때에는 신뢰보호의 관점에서 원칙적으로 일단 확정되어 지급된 부양금의 반환청구에는 반대하는 것이다. 더욱이 본 건의 경우에는 신의칙은 장래에 향한 지불정지에 대해서도 반대한다」고 판시하였다.

23) 「헌법상 법치국가의 원리로부터 신뢰보호의 원리가 도출된다」(헌재 1995. 10. 26. 94 헌바 12).

(2) 실정법적 근거

신뢰보호에 관한 법적 근거로는 행정절차법 제4조 제2항[24] 및 국세기본법제18조 3항[25]이 있다.

3. 신뢰보호의 요건

개인이 신뢰보호원칙에 의해 보호받기 위해서는 ① 선행조치, ② 보호가치있는 사인의 신뢰, ③ 처리보호, ④ 인과관계, ⑤ 선행조치에 반하는 행정작용의 요건이 충족되어야 한다.

> 《판례》
>
> 우리 대법원은 "행정상의 법률관계에 있어서 행정청의 행위에 대해 신뢰보호의 원칙이 적용되기 위하여서는, 첫째 행정청이 개인에 대해 신뢰의 대상이 되는 공적인 견해표명을 해야 하고, 둘째 행정청의 견해표명이 정당하다고 신뢰한 데 대해 그 귀책사유가 없어야 하며, 셋째 그 개인이 그 견해 표명을 신뢰하고 이에 따라 어떠한 행위를 하여야 하며, 넷째 행정청이 위 견해에 반하는 처분을 함으로써 그 견해표명을 신뢰한 개인의 이익이 침해되는 결과가 초래되어야 하며, 행정처분이 이러한 요건을 충족할 때에는 공익 또는 제3자의 정당한 이익을 현저히 해할 우려가 있는 경우가 아닌 한, 신뢰보호의 원칙에 반하는 행위로 위법하게 된다"(대판 1998. 6. 25, 98누6494).

---

24) 행정청은 법령등의 해석 또는 행정청의 관행이 일반적으로 국민들에게 받아들여졌을 때에는 공익 또는 제3자의 정당한 이익을 현저히 해칠 우려가 있는 경우를 제외하고는 새로운 해석 또는 관행에 따라 소급하여 불리하게 처리하여서는 아니 된다

25) 세법의 해석이나 국세행정의 관행이 일반적으로 납세자에게 받아들여진 후에는 그 해석이나 관행에 의한 행위 또는 계산은 정당한 것으로 보며, 새로운 해석이나 관행에 의하여 소급하여 과세되지 아니한다

4. 신뢰보호의 적용영역

신뢰보호는 행정법의 모든 영역에 적용된다. 즉, ① 위법한 수익적 행정행위의 취소의 제한, ② 적법한 수익적 행정행위의 철회의 제한, ③ 행정계획, ④ 실권, ⑤ 확약 등의 분야에 적용된다.

※ 신뢰보호의 원칙

의의	행정기관의 어떤 언동(명시적 · 묵시적 언동)이 있고 그 언동의 정당성 또는 존속성에 대하여 국민이 신뢰한 경우, 그 신뢰가 보호가치있는 것일 때에는 마땅히 보호되어야 한다는 것(금반언의 원칙)	
유래	20세기 초 이래 독일에서 학설 · 판례에 의하여 발전	
이론적 근거	신의칙설	법의 일반원칙인 신의성실의 원칙은 사법에서 발달한 것이지만 행정법관계에도 그대로 적용되므로 신뢰보호의 근거가 된다고 하는 견해(독일의 미망인사건)
	법적 안정성설	신뢰보호원칙은 법치국가원리 내지는 법치국가의 내용중의 하나인 법적안정성에서 도출되는 원칙이라고 함(독일의 판례 및 학설에서 폭넓은 지지를 받고 있으며, 우리의 헌법재판소도 같은 견해)
	기타	① 사회국가원리설, ② 기본권설, ③ 독자성설 등
실정법적 근거	행정절차법(제4조 제2항), 국세기본법(제18조 제3항)	
신뢰보호의 요건	① 선행조치, ② 보호가치있는 사인의 신뢰, ③ 처리보호, ④ 인과관계, ⑤ 선행조치에 반하는 행정작용	
신뢰보호의 한계	신뢰보호의 원칙이 행정의 법률적합성의 원칙과 충돌하는 경우에 어느 원칙이 우선할 것인가에 관하여는 ① 법률적합성 우위설, ② 양자동위설, ③ 이익형의 대립이 있다.[26]	
적용 범위	행정법의 전영역에 인정(수익적 행정행위의 취소 · 철회의 제한, 확약, 실권의 법리, 행정계획 등)	

26) 우리 판례는 취득세 부과행위, 운전면허 취소행위 등에 있어서는 상대방의 신뢰보호를 우선시킨 반면(대판 1988. 9. 13, 86누101 및 대판 1987. 9. 8, 87누37

Ⅲ. 평등의 원칙 및 행정의 자기구속의 법리

1. 의의

평등의 원칙은 헌법상의 원칙(제11조[27])이므로 입법권·행정권·사법권을 구속한다. 이는 행정에도 적용되는 원칙이므로 행정청이 행정작용을 함에 있어서 특별한 합리적인 사유가 없는 한 국민을 공평하게 대우해야 한다는 것을 의미한다.[28]

2. 평등원칙을 근거로 한 행정의 자기구속의 법리

행정의 자기구속이라 함은 행정청이 어떤 결정을 내림에 있어 같은 종류의 대상에 대해서는 이미 다른 사람에게 행한 것과 동일한 결정을 상대방에게도 하도록 스스로 구속받음을 의미한다. 행정의 자기구속의 법리는 재량권·판단여지가 인정되는 행정작용에 있어서 행정청의 자의를 방지하여 적정한 행사가 이루어지도록 하는데 그 기능이 있다.

---

3), 국가공무원법 제33조에 규정된 공무원 임용결격사유에 해당하는 자를 공무원으로 임명한 행위는 당연무효라고 함으로써 법률적합성을 우선시키고 있는 것(대판 1987. 4. 14, 86누459)도 이러한 이익형량설에 입각한 것으로 볼 수 있다.

27) 제11조 제1항 : 모든 국민은 법 앞에 평등하다. 누구든지 성별 · 종교 또는 사회적 신분에 의하여 정치적 · 경제적 · 사회적 · 문화적 생활의 모든 영역에 있어서 차별을 받지 아니한다.

28) 즉, 평등의 원칙은『본질적으로 같은 것은 같게, 본질적으로 다른 것은 다르게』라는 의미에서 형식적 평등이 아닌 합리적 차별을 인정하는 실질적 평등을 의미한다.

Ⅳ. 부당결부금지의 원칙

부당결부금지의 원칙이란 행정청이 행정작용을 함에 있어서 그것과 사인이 부담하는 급부가 부당한 내적인 관련을 가져서는 아니 되고 상호 결부되어도 아니 된다는 원칙이다.

※ 평등의 원칙 · 자기구속의 법리 · 부당결부금지의 원칙

평등의 원칙	자기구속의 법리	부당결부금지의 원칙
행정청이 행정작용을 함에 있어서 특별한 합리적인 사유가 없는 한 국민을 공평하게 대우해야 한다는 것	행정청이 어떤 결정을 내림에 있어 같은 종류의 대상에 대해서는 이미 다른 사람에게 행한 것과 동일하게 상대방에게도 하도록 스스로 구속 받음	행정기관이 행정작용을 함에 있어서 그것과 실질적 관련이 없는 상대방의 반대급부를 조건으로 하여서는 안 된다는 원칙
헌법적 차원의 원칙이므로 이에 위반하는 행정작용은 위헌 · 위법이 됨	① 이론적 근거: 평등의 원칙(통설) ② 헌법재판소도 긍정	예) 건축허가를 함에 있어 자동차세를 완납할 것을 조건으로 부과하는 것

제5절 행정법의 효력

Ⅰ. 개설

행정법의 효력이란 행정법이 어떠한 범위에서 관계자를 구속하는 힘을 말한다. 이는 시간적·지역적 및 대인적 효력으로 일정한 한계를 가진다.

Ⅱ. 행정법의 효력의 범위

1. 시간적 효력

(1) 발효시기(효력발생시기)

1) 공포에 관한 원칙

행정법령은 그 강행성으로 말미암아 일반국민에게 주지시킬 필요가 있다. 따라서 법령의 공포시점과 시행의 시점간에 일정한 유예기간을 두는 것이 원칙이다.

이에 관한 기본법인 법령등공포에관한법률(제13조)도 이러한 취지에 입각하여 "대통령령·총리령 및 부령은 시행일에 관하여 특별한 규정이 없으면 공포한 날로부터 20일을 경과함으로써 효력을 발생한다"고 규정하고 있다.

2) 시행일

시행일은 효력발생일을 말하는 바, 공포일이 시행일 또는 시행일을 정하는 기준일이 된다. 법령등공포에관한법률 제12조는 공포일을 그 법령을 게재한 관보가 발행된 날로 하고 있으므로 '관보가 발행된 날'이 언제인지가 문제된다. 통설과 판례는 최초구독가능시설의 입장을 취하고 있다.

(2) 소급금지의 원칙

새로운 법령이 그 공포시행 전에 종결된 사실에 대하여 시행기일 전으로 소급하여 적용하는 것을 소급적용이라 한다. 일반적으로 법령은 이러한 소급효를 가지지 않음이 원칙인 바, 이를 소급금지의 원칙이라 한다.

《판례》

소급금지의 원칙은 국민의 기득권의 보호에 그 취지가 있는 것이므로 법치국가원리라 할지라도 법령의 소급적용을 모두 부인하는 것이 아니라, 소급하는 것이 국민에게 유리한 경우에는 소급적용은 인정될 수 있다(대판 1962. 7. 26, 62 누 35).

(3) 효력의 소멸

법원은 영속적으로 효력을 갖는 것이 원칙이다. 그러나 한시법 이외의 법규의 경우는 ① 당해 법령 또는 상위에 있는 법령에 의한 명시적 개폐가 있거나, ② 또는 그와 저촉되는 동위 또는 상위에 있는 후법의 제정에 의하여 효력을 상실한다.

2. 지역적 효력

일반적으로 행정법규는 이를 제정한 기관의 권한이 미치는 모든 지역에 대하여 효력을 가지며, 그 이외의 지역에 대하여는 효력을 가지지 않는 것이 원칙이다. 즉 국회나 중앙행정관청이 제정하는 법령은 전국에 효력이 미치고, 지방자치단체 또는 그 기관이 제정하는 조례·규칙은 당해 지방자치단체의 관할구역에 대하여만 효력을 가진다. 그러나 일정한 여건에 따라 제약되는 경우가 많아 이 원칙에 대하여도 예외가 인정되고 있다.[29]

3. 대인적 효력

행정법규는 원칙적으로 속지주의 원칙에 의해 영토 또는 구역내에 있는 모든 자에게 적용되는 것으로, 자연인·법인, 내국인·외국인 여하를 불문한다. 이와 같은 원칙에는 약간의 예외가 인정된다.[30]

---

29) 예컨대, ① 국제법상 치외법권 가지는 외교공관 또는 외국 군대가 사용하는 시설·구역에는 국내법이 효력을 미치지 못하고, ② 법령 자체가 특정지역에만 적용할 것을 선언하고 있는 경우와, 반대로 ③ 본래의 관할지역을 넘어서 다른 지역에도 적용되는 경우 등이 있다.

30) 예컨대, 국제법상 치외법권이 인정되는 외국 원수·외국 사절·외국 군대구성원에 대하여는 적용되지 않는 경우 등이 있다.

제6절 행정법의 기본원리

Ⅰ. 개설

행정법의 기본원리 내지 지도원리는 헌법에서 도출된다. 행정법도 국가법질서의 한 부분이기 때문에 대한민국의 국법질서에 있어서 최고의 위치에 있는 헌법에 종속될 수 밖에 없기 때문이다. 오늘날 행정법은 헌법의 집행법이며 구체화된 헌법으로서의 특성을 가지고 있다.[31] 따라서 행정법의 기본원리는 ① 민주행정주의, ② 실질적 법치국가주의, ③ 복리국가주의, ④ 지방분권주의, ⑤ 사법국가주의 등을 들 수 있다.

Ⅱ. 민주주의원리

민주주의는 이념적으로 자유와 평등을, 형태적으로는 치자와 피치자의 자동성을 내용으로 하는 정치원리이다. 정치적 개념으로서의 민주주의는 개개인의 자유의 기초 위에 모든 국민의 평등을 전제로 하여 국민 개개인이 자기실현을 통하여 각자 자신의 가치를 실현해 나아가는 것이다. 이러한 의미의 민주주의는 오늘날의 다원적 사회에서는 법치국가사상을 전제로

31) 행정법과 헌법의 관계에 대해서 이미 O. Mayer는 “헌법은 변하나 행정법은 존속한다”고 했지만, F. Werner는 이에 대립되는 명제를 제시하였다. Werner, “Verwaltungsrecht als konkretisiertes Verfassungsrecht”, in : DVBL. 1959, S. 527f.

한 법적 형태로서만 가능하다.

Ⅲ. 실질적 법치주의

우리나라 헌법과 행정법은 실질적 법치주의를 채택하여 국민의 기본권 보장,[32] 법률에 의한 행정원리 보장, 행정구제의 강화[33] 등을 실현하고 있다.

Ⅳ. 복리국가의 원리

19세기의 국가를 자유방임주의에 입각한 야경국가·중립국가·보안국가라 한다면, 20세기의 국가는 복리국가·사회국가·경제국가·후생국가라 할 수 있다. 복리국가라 함은 자유주의 내지 시장경제원리로 인해 파생된 모순과 폐단을 시정하며, 나아가서는 모든 사람이 인간다운 생활을 할 수 있는 경제적·사회적 정의를 적극적으로 실현함을 지향하는 국가체제를 의미한다.

---

32) 헌법 제2장의 인간으로서의 존엄과 가치·불가침의 기본적 인권·평등원칙·국민의 인간다운 생활을 할 권리)

33) 헌법 제29조와 이에 근거한 국가배상책임과 헌법 제23조 제3항과 이에 근거한 토지보상법 등

제3장

행정상의 법률관계

제3장 행정상의 법률관계

제1절 공법관계와 사법관계

Ⅰ. 개설

법률관계란 법에 의하여 규율되는 생활관계이며, 이는 결국 당사자 간의 권리·의무관계로 나타난다. 법률관계에서 당사자 일방이 행정주체인 경우를 행정상 법률관계라 부른다. 행정상 법률관계는 사법의 지배를 받는 경우가 있고, 공법의 지배를 받는 경우가 있다. 전자를 사법상의 법률관계(국고관계)라 부르고, 후자를 행정법관계(공법관계)라 부른다.

Ⅱ. 공법과 사법의 구별

1. 구별필요성

(1) 절차법상의 필요성

소송절차에 있어서는 행정사건의 특수성을 감안하여 행정소송법이 제정되어 있고, 이 법은 민사소송과는 다른 절차를 규정하고 있다. 따라서 소송절차와 관련에서 공법·공법관계와 사법·사법관계의 구별은 절차법적으로는 분쟁해결을 위한 쟁송수단의 결정을 위하여 필요하다.

(2) 실체법상의 필요성

공법과 사법의 구별은 구체적 법률관계에 적용할 법규나 법원칙을 결정하기 위하여 필요하다. 즉 당해 법률관계가 공법관계로 파악되면 그것은 행정법규 및 행정법 고유의 불문법원리에 의한 규율을 받게 되고, 행정상의 국고관계로 파악되면 그것은 사법법규 및 사법상의 불문법원리가 적용된다.

2. 구별에 관한 학설

(1) 주체설

법률관계의 주체에 그 기준을 두어, 적어도 그 법률관계의 당사자 일방이 국가 등 행정주체인 경우에는 공법관계이고 반면, 당사자가 모두 사인인 경우에는 사법관계이다.

(2) 권력설

법률관계가 상하지배 복종관계인가 대등관계인가에 따라서 전자에 적용되는 법이 공법이고 후자에 적용되는 법이 사법이라고 본다.

(3) 이익설

법이 추구하는 목적에 기준을 두어 공익실현에 봉사하는 법이 공법이고, 사익의 실현에 봉사하는 법이 사법이라 한다.

(4) 귀속설(신주체설)

권리·의무의 귀속주체를 기준으로, 국가 등 행정주체에게만 권리·의무를 귀속시키는 법이 공법이며, 국가를 포함한 모든 권리주체에게 공통적으로 권리·의무를 귀속시키는 법이 사법이라고 한다.

(5) 복수기준설

위의 학설들은 모두 공법과 사법의 구별에 관한 부분적인 타당성만 제시하고 있으므로 어느 한 학설을 기준으로 구별하기 곤란하다. 따라서 위의 여러 학설의 견해를 참작하여, 즉 복수의 기준을 통해서 양자를 구별해야 한다는 견해이다.

※ 구별에 관한 학설

학설	내용	
이익설 (목적설)	공익을 목적으로 하는 법은 공법이고, 사익을 목적으로 하는 법은 사법	
권력설 (성질설 · 종속설)	권력적 지배 · 복종관계를 규율하는 법은 공법, 평등관계를 규율하는 법은 사법	
생활관계설	정치적 생활관계를 규율하는 법은 공법, 경제적 생활관계를 규율하는 법은 사법	
(구)주체설	적어도 법률관계의 일방이 행정주체인 경우는 공법, 행정주체를 제외한 사인 상호간을 규율하는 법은 사법	
(신)주체설 (귀속설)	공권력의 담당자인 국가 등의 행정주체에 대해서만 권리 · 의무를 부과하는 법은 공법, 모든 권리주체에 권리 · 의무를 부과하는 법은 사법	
복수기준설	공법	국가적 · 지배적 · 윤리적 · 타율적 · 공익적 규율에 관한 법
	사법	개인적 · 경제적 · 자율적 · 사익적 규율에 관한 법

제2절 행정상 법률관계의 종류

Ⅰ. 개설

행정상의 법률관계는 보통 행정권의 주체인 국가 또는 공공단체와 그 상대방간의 법률관계를 말한다. 그러나 넓은 의미에서의 행정상 법률관계는 이러한 행정작용법적 관계 외에 행정조직법적 관계도 포함한다. 행정작용법적 관계는 권력관계, 관리관계 및 행정상 사법관계(국고관계)로 나누어진다.

Ⅱ. 행정조직법적 관계

1. 행정조직 내부관계

이것은 행정기관 상호간의 관계로서 상급청과 하급청과의 관계, 대등행정청간의 관계, 기관위임사무에 관한 주무장관과 지방자치단체의 장과의 관계가 이에 속한다.

2. 행정주체 상호간의 관계

이것은 국가와 지방자치단체간의 관계, 지방자치단체상호간의 관계이다. 전자의 경우에는 허가·인가 등 감독관계, 보조금·교부금의 교부 등 급부관계 등이 중심적인 문제로 된다.

Ⅲ. 행정작용법적 관계

1. 권력관계

국가 등 행정주체가 우월한 지위에서 개인에 대해 일방적으로 명령·강제하고, 혹은 일방적으로 법률관계를 발생·변경·소멸시키는 등 부대등한 법률관계를 말한다.

2. 관리관계

관리관계란 공적재산이나 사업의 관리주체로서(공물의관리·공기업의 경영)의 행정주체와 개인간에 성립하는 법률관계이다.

3. 행정상의 국고관계(사법관계)

행정주체가 사인과 대등한 지위에서 경제적 활동을 하는 경우가 있는데, 이를 행정상의 사법관계 또는 국고관계라 한다. 국고관계도 행정상 법률관계의 일종이지만 행정법관계(공법관계)는 아니다.

※ 행정상 법률관계의 종류

<table>
<tr><td rowspan="3">행정조직법적 관계</td><td rowspan="2">행정주체 상호간의 관계</td><td>국가와 공공단체간의 관계</td></tr>
<tr><td>공공단체상호간의 관계</td></tr>
<tr><td colspan="2">행정조직 내부관계</td></tr>
<tr><td rowspan="3">행정작용법적 관계
(협의의 행정상 법률관계)</td><td rowspan="2">공법관계(행정법관계)</td><td>권력관계(본래적 공법관계)</td></tr>
<tr><td>관리관계(전래적 공법관계)</td></tr>
<tr><td colspan="2">사법괸계(국고관계)</td></tr>
</table>

※ 공법관계와 사법관계의 구체적 사례

① 공법관계	① 공공단체와 사인간의 공용부담계약, ② 공무원 임명, ③ 공유수면매립면허, ④ 국 · 공립병원의 강제입원, ⑤ 광업권의 허가, ⑥ 국유재산의 무단점유자에 대한 변상금 부과처분, ⑦ 귀속재산 매각 · 임대, 사립대학의 학위수여(학설대립), ⑧ 시립 · 구립도서관 이용관계, ⑨ 영조물경영 · 공물의 관리, ⑩ 체신관서의 전화요금징수(공공요금징수), ⑪ 수돗물공급관계, ⑫ 특별권력관계(교도소재소관계, 국공립도서관 이용관계), ⑬ 청원경찰의 근무관계, ⑭ 지방전문직 공무원, 시립무용단의 근무관계, ⑮ 행정벌 · 행정강제 · 행정행위, ⑯ 행정재산 사용료 부과(판례) 등
② 사법관계	① 국고수표발행, ② 국 · 공립병원의 유료입원, ③ 시영버스 · 국영철도 · 시영식당의 이용관계, ④ 국유재산매각 · 임대, ⑤ 국유광산의 경영, ⑥ 공사도급계약, ⑦ 당좌수표 지급보증, ⑧ 사립대학학생의 수업료 납부관계, ⑨ 서울특별시 지하철공사의 임원과 직원의 근무관계, ⑩ 물품매매계약(물품구매), ⑪ 전화가입 · 청약 및 승낙, ⑫ 지방채 · 국채의 모집, ⑬ 창덕궁 · 비원 안내원들의 근무관계, ⑭ 소득세 원천징수(판례) 등

제3절 행정법관계의 당사자

Ⅰ. 행정주체

1. 의의

법률관계에 있어서 당사자란 권리·의무의 주체를 말한다. 행정법관계(공법관계)에 있어서 당사자는 국가·공공단체 등 행정주체와 행정의 상대방 즉 행정객체이다.

2. 종류

(1) 국가

근대국가에 있어서 행정권은 국가통치권의 한 요소로 생각되어 왔기 때문에 국가는 시원적 행정주체이다. 지방자치단체 등 공공단체는 국가로부터 전래된 행정주체이다.

(2) 지방자치단체

지방자치단체는 국가의 영토 내의 일정한 지역과 그곳에 정주하는 주민에 대하여 국법이 인정하는 한도에서 일정한 지배권(자치권)을 행사하는 단체이다.

(3) 공공조합

공공조합은 공행정임무에 속하는 특정의 사업을 수행하기 위하여 일정한 자격을 갖춘 사람(조합원)으로 조직된 공법상의 사단법인을 말한다.

(4) 영조물법인

영조물이란 일정한 행정목적을 달성하기 위한 인적·물적 수단의 종합체를 말하는 것이고 보통 물적시설만을 말하는 공공시설과 구별된다.

(5) 공재단(공법상의 재단)

공재단 또는 공법상의 재단이란 국가나 지방자치단체가 出捐(출연)한 재산을 관리하기 위하여 설립된 공공단체이다.

(6) 공무수탁사인(공권력이 부여된 사인)

보통의 경우 사인은 행정법관계에 있어서 행정객체의 지위에 선다. 그러나 법률이나 이에 근거한 행위에 의하여 특정한 공적 임무를 자기 자신의 이름으로 수행할 수 있는 권한이 주어지는 사인(자연인 또는 법인)이 있게 되는데, 이 경우의 사인을 공무수탁사인 또는 공권력이 부여된 사인이라 부른다.

Ⅱ. 행정객체

행정주체의 상대방이 행정객체인바, 보통사인이 행정객체이다. 그러나 공법인도 행정객체가 되는 경우가 있다.

※ 행정주체와 행정객체

<table>
<tr><td rowspan="6">행정주체</td><td>국가</td><td>시원적 행정주체</td></tr>
<tr><td>지방자치단체</td><td>국가영토 내의 일정한 지역과 그 지역의 주민에 대하여 국법이 인정하는 한도에서 일정한 지배권을 행사하는 단체</td></tr>
<tr><td>공공조합</td><td>행정임무에 속하는 특정의 사업을 수행하기 위하여 일정한 자격을 갖춘 사람(조합원)으로 조직된 공법상의 사단법인(엽연초생산조합 · 건설공제조합 · 대한교원공제회 · 국민건강보험조합 · 상공회의소 · 변호사회 · 의사회 · 약사회 · 산림조합 · 재향군인회 등).</td></tr>
<tr><td>영조물법인</td><td>영조물에 법인격을 부여하여 독립의 법인으로 된 것(한국방송공사 · 한국토지개발공사 · 한국도로공사 등 각종 공사와 한국은행 · 한국산업은행 등 특수은행, 서울대학교병원, 서울대학교, 적십자병원 등)</td></tr>
<tr><td>공무수탁사인</td><td>법률이나 이에 근거한 행위에 의하여 특정한 공적 임무를 자기 자신의 이름으로 수행할 수 있는 권한이 주어지는 사인(자연인 또는 법인)(① 사인(회사 등)이 그 종업원으로부터 근로소득세를 원천징수하는 경우(판례는 부정), ② 토지수용권을 부여받은 사업시행자, ③ 사립대학의 총 · 학장이 교육법에 의하여 학위를 수여하는 경우, ④ 사인이 별정우체국의 지정을 받아 체신업무를 수행하는 별정우체국장, ⑤ 사선의 선장 · 해원 또는 항공기의 기장 · 승무원이 선박이나 항공기내에서 발생한 범죄에 관하여 사법경찰관리의 직무를 수행하는 경우 등).</td></tr>
<tr><td rowspan="2">행정객체</td><td>공공단체</td><td>사인과의 관계에서는 행정주체가 되지만 다른 행정주체와의 관계에는 그 상대방인 객체가 될 수 있다.</td></tr>
<tr><td>사인</td><td>행정주체의 상대방(보통 사인이 행정객체)</td></tr>
</table>

제4절 행정조직법

Ⅰ. 행정조직법의 의의

행정조직법은 행정주체의 조직에 관한 법, 즉 활동의 전제가 되는 행정기관의 설치·구성 및 권한에 관한 법을 의미한다.

Ⅱ. 행정기관

1. 행정기관의 의의

행정기관이란 광의로는 국가 또는 공공단체의 행정사무를 담당하는 모든 기관을 의미하고, 협의로는 국가 또는 공공단체 등 행정주체의 의사를 스스로 결정하고 이를 자기이름으로 외부에 표시하는 권한을 가진 기관을 의미한다.

2. 행정기관의 종류

<table>
<tr><td rowspan="2">주체에 의한 분류</td><td>중앙 행정기관</td><td>대통령 · 국무총리 · 원 · 부 · 처 · 청 · 외국 등</td></tr>
<tr><td>지방 행정기관</td><td>서울특별시장 · 광역시장 · 도지사 · 특별자치도지사 · 자치구청장 · 시장 · 군수 등</td></tr>
<tr><td>권한에 의한 분류</td><td colspan="2">① 행정관청, ② 보조기관, ③ 보좌기관, ④ 자문기관, ⑤ 의결기관, ⑥ 집행기관, ⑦ 영조물기관 등</td></tr>
</table>

3. 행정주체와 행정기관

<table>
<tr><td rowspan="2">행정주체</td><td>의의</td><td colspan="2">추상적 인격체인 국가 또는 공공단체</td></tr>
<tr><td>종류</td><td colspan="2">국가, 공공단체(지방자치단체, 공공조합, 영조물법인, 공재단), 공무수탁사인</td></tr>
<tr><td rowspan="8">행정기관</td><td>의의</td><td colspan="2">행정주체의 행정사무를 담당하는 기관</td></tr>
<tr><td rowspan="7">종류</td><td>행정관청</td><td>행정주체의 의사를 결정하고 이를 외부에 표시할 수 있는 권한을 가지는 기관</td></tr>
<tr><td>보조기관</td><td>행정관청에 소속되어 행정관청의 의사결정과 집행을 보조하는 기관</td></tr>
<tr><td>보좌기관</td><td>특정 정책의 기획 · 연구 · 조사 등을 통하여 간접적으로 의사결정을 보좌하는 참모기관</td></tr>
<tr><td>의결기관</td><td>행정관청의 의사를 결정할 권한만 있고 이를 외부에 표시할 권한은 없는 합의제 기관</td></tr>
<tr><td>집행기관</td><td>행정관청의 명을 받아 국가의사를 실력으로 집행하는 기관</td></tr>
<tr><td>감사기관</td><td>다른 행정기관의 사무 또는 회계의 위법 · 부당 여부를 감사하는 기관</td></tr>
<tr><td>부속기관</td><td>부속기관은 행정기관에 부속하여 이를 지원하는 기관</td></tr>
</table>

Ⅲ. 중앙행정조직

<table>
<tr><td>대통령</td><td colspan="2">대통령은 외국에 대하여 국가를 대표하는 국가원수이며, 행정부의 수반으로서의 지위를 가짐</td></tr>
<tr><td rowspan="4">대통령 직속 중앙행정기관</td><td colspan="2">감사원</td></tr>
<tr><td colspan="2">국가정보원</td></tr>
<tr><td colspan="2">자문기관</td></tr>
<tr><td colspan="2">대통령비서실</td></tr>
<tr><td>국무회의</td><td colspan="2"></td></tr>
<tr><td>국무총리</td><td colspan="2"></td></tr>
<tr><td>행정각부(17부)</td><td colspan="2">기획재정부, 교육부, 미래창조과학부, 외교부, 통일부, 법무부, 국방부, 행정자치부, 문화체육관광부, 농림축산식품부, 산업통상자원부, 보건복지부, 환경부, 고용노동부, 여성가족부, 국토교통부, 해양수산부</td></tr>
<tr><td rowspan="2">행정 각부 소속 중앙행정관청</td><td>청</td><td>국세청 · 관세청 · 조달청 · 통계청 · 검찰청 · 병무청 · 경찰청 등</td></tr>
<tr><td>행정위원회</td><td>① 대통령소속 중앙인사위원회, ② 국무총리소속 금융감독위원회 · 공정거래위원회 · 국민고충처리위원회 · 청소년보호위원회 등</td></tr>
</table>

Ⅳ. 공무원법

1. 공무원의 개념 · 종류

<table>
<tr><td>개념</td><td colspan="2">국가 또는 지방자치단체의 공무담당자를 그 기관으로서의 지위를 떠나서 인적으로 파악하는 경우</td></tr>
<tr><td>국가공무원</td><td colspan="2">국가에 의하여 임명되고 국가의 사무를 집행하는 공무원</td></tr>
<tr><td>지방공무원</td><td colspan="2">지방자치단체에 의하여 임명되고 지방자치단체의 사무를 집행하는 공무원</td></tr>
<tr><td rowspan="2">경력직 공무원</td><td>일반직 공무원</td><td>행정일반에 대한 임무를 담당하며 직군 · 직렬별로 분류됨</td></tr>
<tr><td>특정직 공무원</td><td>특수분야의 업무를 담당하는 공무원으로서 다른 법률이 특정직공무원으로 지정하는 공무원</td></tr>
<tr><td rowspan="2">특수경력직 공무원</td><td>정무직 공무원</td><td>선거에 의하여 취임하거나 국회 · 지방의회의 동의를 얻어 임명되는 공무원 또는 고도의 정책결정업무를 담당하거나 이를 보조하는 공무원으로서 법령에서 정무직으로 지정하는 공무원</td></tr>
<tr><td>별정직 공무원</td><td>특정 업무를 담당하기 위하여 별도의 자격기준에 의하여 임용되는 공무원으로서 법령에서 별정직으로 지정하는 공무원</td></tr>
<tr><td>정공무원</td><td colspan="2">정규의 공무원으로서의 신분을 가지는 자</td></tr>
<tr><td>준공무원</td><td colspan="2">정공무원 이외에 업무의 청렴성 등을 보장하기 위하여 이들에게 공무원에 준하는 의무와 책임을 부여한 경우</td></tr>
</table>

2. 공무원관계의 변경

승진	동일 직렬 내의 하위직급에서 바로 상위직급으로 임용되는 것
전직	행정사무관에서 외무사무관으로 임명하는 것처럼 직렬을 달리하는 임명
전보	동일 직급 내에서의 보직의 변경(예, 국세청의 A과장직에서 B과장직으로 옮기는 것)
복직	휴직 · 직위해제 또는 정직 중에 있는 공무원을 직위에 복직시키는 것
휴직	공무원으로서의 신분은 보유케 하면서, 일정기간 동안 직무에는 종사하지 못하게 하는 것
직위해제	공무원의 직위를 유지시킬 수 없는 사유가 발생한 경우에 공무원의 신분은 그대로 유지하면서 보직을 해제하는 것
강임	같은 직렬 내에서 하위직급에 임명하거나 하위직급이 없는 경우 다른 직렬의 하위직급에 임명하는 것
정직	징계의 일종으로서 1월 이상 3월 이하의 기간을 정하여 직무에 종사하지 못하게 함
감봉	징계의 일종으로서 1월 이상 3월 이하의 기간 동안 보수의 3분의 1을 감하는 것

3. 공무원관계의 소멸

당연퇴직	임용권자의 의사와 관계없이 법이 정한 일정한 사유가 발생하면 별도의 처분없이 당연히 공무원관계가 소멸되는 것	
면직	의원면직	공무원 자신의 사임의 의사표시에 의하여 공무원관계를 소멸시키는 행위
	일방적 면직	임명권자의 일방적 의사에 의하여 공무원관계가 소멸되는 것(징계면직과 직권면직)

4. 불이익처분에 대한 구제

소청	징계처분 기타 그 의사에 반하는 불이익처분을 받은 자가 그 위법 또는 부당을 이유로 관할 소청심사위원회에 심사를 청구하는 제도
행정소송	소청심사위원회의 결정에 대하여는 위법임을 이유로 하는 경우에 한하여 결정서의 송달을 받은 날로부터 90일 이내에 행정소송법에 의한 행정소송을 제기할 수 있다.

5. 공무원의 권리

봉급청구권	
신분보유권	공무원의 신분은 법률이 정하는 바에 따라 보장됨
직무집행권(직무수행권)	공무원은 법령에 의하여 부여된 담당 직무를 집행할 권리를 가짐
직명사용권	모든 공무원은 그 직위에 해당하는 직명사용권을 가짐
쟁송제기권	공무원의 신분상의 위법 · 부당한 불이익처분에 대하여 소청과 행정소송을 제기할 권리를 가짐
인사상담 및 고충심사청구권	공무원은 누구나 인사 · 조직 · 처우 등 각종 근무조건과 기타 신상문제에 대하여 인사상담이나 고충의 심사를 청구할 수 있다.

6. 공무원의 의무

<table>
<tr><td rowspan="3">일반의무</td><td colspan="2">선서의무</td></tr>
<tr><td colspan="2">성실의무</td></tr>
<tr><td colspan="2">품위유지의무</td></tr>
<tr><td rowspan="9">직무상 의무</td><td colspan="2">법령준수의무</td></tr>
<tr><td colspan="2">복종의무</td></tr>
<tr><td rowspan="4">직무전념의무</td><td>직장이탈금지</td></tr>
<tr><td>영리업무 및 겸직금지</td></tr>
<tr><td>정치운동금지</td></tr>
<tr><td>집단행동금지</td></tr>
<tr><td>친절공정의무</td><td></td></tr>
<tr><td>비밀엄수의무</td><td></td></tr>
<tr><td>청렴의무</td><td></td></tr>
<tr><td rowspan="3">공직자윤리법
상의 의무</td><td colspan="2">재산등록 및 공개의무</td></tr>
<tr><td colspan="2">선물신고의무</td></tr>
<tr><td colspan="2">퇴직자의 취업금지의무</td></tr>
</table>

7. 공무원의 책임

<table>
<tr><td rowspan="7">행정상의 책임</td><td rowspan="6">징계책임</td><td>파면</td><td>공무원의 신분 박탈, 근무기간에 따라 퇴직금의 2분의1 내지는 4분의1을 감하고, 파면 후 5년간은 공무원으로 임명될 수 없음</td></tr>
<tr><td>해임</td><td>공무원의 신분을 박탈하고 3년간은 공무원으로 임명될 수 없지만, 퇴직금은 감액하지 아니함</td></tr>
<tr><td>강등</td><td>강등은 1계급 아래로 직급을 내리고, 공무원신분은 보유하나 3개월간 직무에 종사하지 못하며 그 기간 중 보수의 3분의 2를 감한다.</td></tr>
<tr><td>정직</td><td>공무원의 신분은 보유하며, 1월 이상 3월 이하의 기간 동안 직무에 종사하지 못하고, 보수의 3분의 2를 감액</td></tr>
<tr><td>감봉</td><td>1월 이상 3월 이하의 기간 동안 보수의 3분의1을 감액</td></tr>
<tr><td>견책</td><td>전과에 대하여 훈계하고 회개하게 하는 것</td></tr>
<tr><td>변상책임</td><td colspan="2">공무원이 의무를 위반함으로써 국가 · 지방자치단체 등에 대하여 재산상 손해를 발생시킨 경우에 사용자인 국가나 지방자치단체에 대하여 지는 손해배상책임</td></tr>
<tr><td>형사상의 책임</td><td colspan="3">공무원의 의무위반행위가 공무원관계 내부의 질서뿐만 아니라 일반사회의 법익도 침해한 경우에는 형사벌 또는 행정형벌을 과하게 된다.</td></tr>
<tr><td>민사상의 책임</td><td colspan="3">공무원이 직무와 관계없이 불법행위로 타인에게 손해를 가한 경우에는 자연인으로서 민사상의 손해배상책임을 진다.</td></tr>
</table>

제5절 행정법관계의 특질

Ⅰ. 개설

행정법관계도 사법관계와 같이 법률관계이지만 행정이 공익실현 작용이라는 점에서 사법관계에 비하여 다른 특질이 인정된다. 행정법은 공익목적의 달성을 위하여 일면 행정주체에게 일정한 특권 또는 우월적 지위를 인정하고 있으며, 타면 사인에 비하여 보다 엄격한 법적 기속을 가하고 있다.

Ⅱ. 행정의사의 법률적합성

법률에 의한 행정의 원리의 당연한 결과로 행정의사(권력관계)는 법에 적합한 것이어야 한다.

Ⅲ. 행정의사의 공정력

1. 의의

전통적 견해에 의하면 공정력이란 행정행위가 중대하고도 명백한 하자가 있어 당연무효가 아닌 한 일단 유효한 것으로 통용되고, 취소권한을 가진 기관(처분청·감독청·법원)에 의해 취소되기 전까지는 누구도 그 효력을 부인할 수 없는 힘을 말한다.

2. 공정력의 근거

(1) 이론적 근거

공정력의 이론적 근거에 관하여는 ① 자기확인설, ② 국가권위설, ③ 예선적 특권설, ④ 행정정책설 등이 있다.

(2) 실정법적 근거

현행법상 공정력이라는 용어를 사용하여 행정행위의 공정력을 직접 명문으로 규정한 조항은 없으나, 간접적으로 공정력을 인정한 규정이 있다. 즉, ① 취소쟁송제도, ② 쟁송기간의 제한 및 집행부정지 원칙 등이다.

Ⅳ. 행정의사의 존속력(확정력)

1. 의의

행정행위가 일단 발해지면 그 행위를 근거로 하여 많은 법률관계가 형성되기 때문에 그 행정행위의 자유로운 취소·변경은 결코 바람직한 것이 아니다. 따라서 일단 정해진 행정행위를 존속시키기 위한 제도가 필요한 바, 이것이 존속력의 문제이다. 존속력은 다시 형식적 불가쟁력(존속력)과 실질적 불가변력(존속력)으로 나누어진다.

2. 불가쟁력(형식적 존속력)

쟁송기간의 도과, 쟁송수단을 다 거친 후에는 상대방 또는 이해관계인은 더 이상 행정행위의 위법·부당성을 다툴 수 없게 되는 바, 이러한 행정행위의 구속력을 불가쟁력 또는 형식적 존속력이라 한다.

3. 불가변력(실질적 존속력)

행정행위에 하자가 있거나 혹은 행정행위를 더 이상 존속시킬 수 없는 새로운 사정이 발생하는 경우 이를 이유로 취소·변경 또는 철회하는 것이 원칙이다. 그러나 예외적으로 어떤 행정행위는 성질상 행정청도 하자를 이유로 스스로 취소·철회할 수 없게 하는 힘, 즉 불가변력을 발생하는 경우도 있다.

《판례》

국민의 권리와 이익을 옹호하고 법적안정을 도모하기 위해서 특정한 행위에 대하여는 행정청이라 하더라도 이것을 자유로이 취소·변경·철회할 수 없다는 행정행위의 불가변력은 당해 행정행위에 대해서만 인정되는 것이다(대판 1974. 12. 10, 73 누 129).

Ⅴ. 행정의사의 강제력(집행력)

국가의사의 실효성확보를 위하여 행정의사에 강제력이 인정되는 바, 제재력과 자력집행력에서 볼 수 있다.[34]

Ⅵ. 권리의무의 특수성

행정법관계에 있어서는 국가가 개인에 대하여 가지는 권리의무는 물론 개인이 국가에 대하여 가지는 권리의무도 순전히 사익을 위해서만 인정되는 것이 아니고 국가적·공익적 견지에서 필요하기 때문에 인정되는 것이다(공익성). 따라서 권리가 동시에 의무의 성격을 띠운다(상대성). 그 결과 사법관계에서와는 달리 공권·공의무는 그 이전성·포기성이 제한되고 특별한 보호와 강제가 가해지는 등의 특수성이 인정된다.

Ⅶ. 권리구제수단의 특수성

사권이 침해된 경우에는 민법상 손해배상 및 민사소송에 의하지만, 공권이 침해된 경우에는 이와 다른 특별한 구제수단이 마련되어 있다. 즉, 위법

34) ① 자력집행력 이란 납세의무자가 세금납부의무를 불이행하는 경우에 강제징수하거나, 위법한 무허가 건축물에 대하여 강제 철거하거나, 전염병환자를 강제로 격리 수용하는 것처럼 강제하고 실현하는 것을 말하고, ② 제재력 이란 행정법관계에서는 상대방이 행정의사를 위반한 경우 이에 대한 제재로서 행정형벌 또는 행정질서벌을 과하는 것을 말한다.

한 행정작용으로 인한 손해배상에 관하여는 국가배상법이 있으며, 적법한 행정작용으로 인한 특별한 재산상의 희생에 대하여는 손실보상의 청구가 인정된다. 또한, 위법한 행정작용의 취소·변경을 구하는 행정소송제도가 있으나, 이는 민사소송과는 다른 여러 가지 특성을 인정하고 있고(사정판결, 직권심리주의, 제소기간의 제한 등), 행정소송에 앞서 행정권에 대하여 먼저 시정을 요구하는 행정심판제도도 채택하고 있다.

제6절 행정법관계의 내용(공권과 공의무)

Ⅰ. 개설

행정법관계도 사법상의 법률관계(권리와 의무관계)와 본질적으로 다름이 없다. 따라서 행정법관계도 법률관계인 이상 그 내용은 공권과 공의무로 구성된다.

Ⅱ. 공권

1. 공권의 의의

공권이라 함은 공법관계에 있어서, 직접 자기를 위하여 일정한 법적 이익을 주장할 수 있는 법률상의 힘을 말한다.

2. 공권의 종류

공권은 그 귀속주체에 따라 국가적 공권과 개인적 공권으로 구분된다.

(1) 국가적 공권

국가적 공권이란 국가·공공단체 또는 국가로부터 공권력을 부여받은 자가 우월적인 의사주체로서 상대방인 개인에 대해 가지는 권리이다.[35]

---

35) 김철용(Ⅰ), p.88; 박균성(상), p.131.

(2) 개인적 공권

1) 의의

개인적 공권이란 개인이 공법상 자기의 고유한 이익을 추구하기 위해 국가 등 행정주체에 대하여 일정한 행위(작위·부작위·급부 등)를 요구할 수 있는 법적인 힘이다.

2) 종류

개인적 공권은 그 내용을 표준으로 자유권(소극적 공권)·수익권(적극적 공권)·참정권(행정결정참가권)으로 나누는 것이 일반적이다.

(가) 자유권

자유권이란 소극적 권리로서의 헌법상의 자유권적 기본권이 이에 해당되며 사회적 기본권에 대칭되는 개념이다. 개인은 법률에 의하지 아니하고는 국가작용에 의하여 침해받지 아니할 포괄적·일반적 자유권을 가진다(헌법 제37조 2항).

(나) 수익권

개인이 국가 등 행정주체에 대하여 적극적으로 일정한 작위 또는 급부를 청구할 수 있는 지위이다. 사회적 기본권 및 청구권적 기본권을 포괄하는 개념이다.

(다) 참정권(행정결정참가권)

전통적인 참정권으로서 선거권·국민투표권·공무담임권(피선거권)이 있다.

※ 공권

의의	공법관계에서 직접 자기를 위하여 일정한 법적 이익을 주장할 수 있는 법률상의 힘	
종류	국가적 공권	① 권리의 목적에 따라 경찰권 · 재정권 · 복리행정특권, ② 권리의 내용에 따라 하명권(명령권) · 강제권 · 형성권, ③ 권리의 재산적 성질에 따라 공법상 물권 · 공법상 채권 등
	개인적 공권	그 내용을 표준으로 자유권(소극적 공권) · 수익권(적극적 공권) · 참정권(행정결정참가권) 및 무하자재량행사청구권, 행정개입청구권 등
특수성	국가적 공권의 특수성	① 권리의 내용은 스스로 결정할 수 있으며(권리의 자율성), ② 의무자가 의무를 이행하지 아니할 때에 법령이 정한 바에 따라 자력집행을 할 수 있고(권리의 자력집행성), ③ 의무자의 의무위반시 제재를 가할 수 있음(행정벌의 과벌성)
	개인적 공권의 특수성	이전성의 제한, 포기의 제한, 보호의 특수성, 대행의 제한, 공법상 금전채권의 소멸시효의 특수성(5년)

Ⅲ. 공권의 특수성

1. 국가적 공권의 특수성

국가적 공권은 지배권으로서의 성질을 가지므로, 행정주체가 법률이나 또는 이에 의거한 일방적 명령강제를 할 수 있고, 그 권리내용을 일방적으로 형성·변경·소멸시킬 수 있다(권리자율성). 또한 의무자가 의무를 이행하지 아니할 때에 법령이 정한 바에 따라 자력집행을 하거나 의무자의 의무위반시 제재(행정벌)을 가할 수 있는 점 등이 사권과 다른 특수성이다.

2. 개인적 공권의 특수성

(1) 이전성의 제한

공권은 사권과는 달리 공익적 견지에서 인정되는 것이므로 일신전속적인 성질을 가지는 것이 많다. 따라서 양도·상속 등이 부인되는 경우가 많다. 예컨대 국가배상청구권의 양도금지, 공무원연금청구권의 양도금지 등이다.

(2) 포기의 제한

공권은 공익적 견지에서 인정되는 것이므로 이를 임의로 포기할 수 없는 경우가 많다. 선거권·연금청구권·소권 등은 포기할 수 없다.

(3) 보호의 특수성

개인적 공권도 그것이 침해된 경우 사권과 같이 법원에 출소하여 그 구제를 받을 수 있다. 다만 이러한 소송을 사권과 같이 민사소송에 의하지 않고 행정소송법의 적용을 받는 등 절차에 있어 특례가 인정되어 있고, 그 밖에 국가로부터 특별한 보호를 받거나 부담을 지는 경우도 있다(특허기업자의 특전 등).

(4) 공법상 금전채권의 소멸시효의 특수성

소멸시효와 관련하여 공법상 금전채권은 사법상의 금전채권과는 달리 민법의 소멸시효에 관한 규정이 아니라 국가재정법(제96조)이나 지방재정법(제82조)이 적용되어 소멸시효기간이 5년이다.

Ⅳ. 공권과 반사적 이익·보호이익

1. 반사적 이익

개인이 행정법관계에서 받는 이익에는 권리로서의 이익과 사실상으로서의 받는 이익인 반사적 이익이 있다. 즉 반사적 이익이란 행정법규가 공익적 견지에서 행정주체나 제3자에 대하여 일정한 의무를 규정하고 있는 결과로 개인이 이익을 얻게 되는 경우를 말한다.

2. 개인적 공권의 성립요건

개인적 공권은 헌법에서 직접 도출되는 것도 있고, 법률의 규정에 의해 성립하는 것도 있고, 관습법에 의해 인정되는 것도 있고, 행정행위나 공법상 계약 등 집행행위에 의해 성립하는 것도 있다.[36]

Ⅴ. 기타 개인적 공권

1. 무하자재량행사청구권

무하자재량행사청구권이란 광의로는 개인이 행정청에 대하여 재량권의 하자없는 행사를 청구할 수 있는 공법상의 형식적 권리를 말하며, 협의로는 행정청이 결정재량권을 가지지 못하고 선택재량권만을 가지고 있는 경

---

36) 독일의 뷜러(Buhler)에 의하면 이와 같은 공권성립의 3요소로서 강행법규의 존재, 사적(私的) 이익의 보호, 청구권 등의 존재를 들고 있다(Buhler, Die subjektiven ¨offentlichen Rechte und ihr Schutz in der deutschen Verwaltungsrechtsprechung, 1914, S.9ff, 21.).

우에 있어서의 하자없는 재량행사청구권을 말한다.[37] 우리의 경우 무하자재량행사청구권의 존재를 긍정하는 입장에서는 주로 협의의 무하자재량행사청구권에 관한 것임을 유의할 필요가 있다.[38]

2. 행정개입청구권

행정개입청구권 또는 행정권발동청구권은 광의로는 국민이 행정청의 부작위로 인하여 권익을 침해당하였을 때에, 자기에게 직접 행정권을 발동하거나 또는 제3자에게 규제권을 발동하여, 그 권익을 실현시켜 줄 것을 청구할 수 있는 공권을 의미한다. 협의로는 직접 자기를 위하여 타인에 대해 행정권의 발동을 요구할 수 있는 공권을 의미한다. 우리나라의 경우 협의의 행정개입청구권이 일반적으로 통용되고 있는 것으로 보인다.[39]

Ⅴ. 공의무

공의무라 함은 공권에 대응한 개념으로서, 공권의 내용에 따라 다른 자의 이익을 위하여 의무자의 의사에 가하여진 공법상의 구속을 말한다. 공의무는 공권에 대응하는 상대적인 것으로 행정법관계에 있어서 표리관계를 이루고 있다.

---

37) 김남진, 행정법I, 113면.
38) 협의의 무하자재량행사청구권에 재량권이 0으로 수축되는 경우의 행정개입청구권을 더하여 광의의 무하자재량행사청구권이라 말하는 학자도 있다. 김동희, 행정법I, 92면.
39) 김남진, 행정법I, 115면.

※ 공의무의 종류

국가적 공의무	국가 등 행정주체가 개인에 대하여 부담하는 의무로서, 참정시킬 의무, 공무원의 봉급청구권에 대한 국가 또는 지방자치단체의 지급업무 등이 그 예이다.
개인적 공의무	개인이 국가 등 행정주체에 대하여 부담하는 의무로서, 의무의 내용에 따라 작위의무·부작위의무·수인의무로 나누어진다.

※ 공의무의 특수성

포기·이전의 제한	개인적 공의무는 일신귀속적인 것이 많아서 이전이나 포기가 제한된다. 다만, 경제적 부담을 내용으로 하는 것은 이전이 가능하다.
강제의 특수성	개인적 공의무의 불이행이 있는 경우에는 행정권의의 자력집행이 인정되며, 개인적 공의무의 위반에 대해서는 벌칙이 규정된 경우가 많다.

제7절 행정법관계에 대한 사법규정의 적용

Ⅰ. 명문에 의한 사법규정의 적용

행정법관계에 법의 흠결·공백이 있는 경우에 행정법규 스스로가 사법규정의 적용을 명문으로 인정하고 있는 경우도 상당히 있다. 국가배상법은 「국가 또는 지방자치단체의 손해배상의 책임에 관해서는 이 법의 규정에 의한 것을 제외하고는 민법의 규정에 의한다」(제8조)고 규정하고 있고, 국세기본법은 「이 법 또는 세법이 규정하는 기간의 계산은 이 법 또는 세법에 특별한 규정이 있는 것을 제외하고는 민법에 의한다」(제4조)는 규정 등이 그 예이다.

Ⅱ. 명문규정이 없는 경우

공법관계에 대한 사법규정의 적용에 관해서 명문규정이 없는 경우에 이론적으로 해결할 수밖에 없는 문제인바, 이에 관하여 긍정설과 부정설이 대립하고 있다. 즉, ① 부정설은 공법은 국가와 사인간의 관계에서 공익실현을 목적으로 하는 것이고 사법은 사인간의 이해조절을 목적으로 하는 것이므로 양자는 전혀 별개의 법체계이고 본질적인 차이가 있다고 전제하여, 어떠한 공법규정의 흠결이 있다하더라도 사법규정의 적용을 부인한다. 그

리고 ② 긍정설은 공법관계와 사법관계는 본질적으로 차이가 있는 것이 아니라는 점을 전제로 공법의 흠결이 있는 경우에 사법을 적용할 수 있다고 한다.[40]

제8절 특별권력관계(특별행정법관계)

Ⅰ. 의의

특별권력관계는 특별한 법률상의 원인에 의하여 성립되며 특별한 공행정 목적을 위해 권력주체가 구체적인 법률의 근거없이도 특정신분을 가진 자를 포괄적으로 지배하고 상대방은 이에 복종함을 내용으로 하는 관계로서, 법치주의의 적용이 배제된다는 점에 그 특징이 있다.

Ⅱ. 특별권력관계의 특질

1. 긍정설

(1) 절대적 구별설

특별권력관계는 그 성립의 기초·지배권의 성질이 일반권력관계와 전혀 다르므로, 양관계에 적용되는 법규·법원리의 성질도 다르다. 따라서 일반권력관계에서 적용되는 법치주의의 원칙은 특별권력관계에는 적용되지 않는다

40) 긍정설도 직접적용하자는 견해(직접적용설)와 유추적용하자는 견해(유추적용설)가 있다.

는 견해이다.

(2) 상대적 구별설

양관계는 본질적 차이가 있는 것이 아니고, 다만 특별한 행정목적상 포괄적인 명령권과 징계권, 강화된 복종이 있다는 면이 일반권력관계와 다르고 이 한도에서 법치주의가 배제될 뿐이며 기타의 경우에는 법치주의가 적용된다는 것이다.

1) 2차권력설

특별권력관계에서의 지위는 국민의 본래적 지위가 특수화된 것에 지나지 않으며, 특별권력도 결국 일반공권력의 직접적 또는 간접적 발동관계에 불과하다고 한다.

2) 제한적 긍정설

이 견해는 주로 독일의 학자들에 의해 주장된 것으로서, 주로 특별권력관계에서의 구성원의 기본권보장과 관련하여 전제된 견해이다.

3) 특별권력관계수정론

(가) 내부·외부관계수정론

바호프(Otto Bachof) 교수에 의하면 전통적 견해에서는 행정의 내부관계(특별권력관계)에는 법규가 침투할 수 없다고 하는 바, 이는 국가를 자연인과 같은 유기체로 보아 인격성을 인정한 결과로 법의 침투를 부인한 것이므로 이는 부당하며, 법인에 있어서는 법이 적용될 수 있는 외부관계가 있

다고 하였다.[41]

(나) 기본관계·경영관계론

울레교수에 의하면 종래의 특별권력관계를 다시 기본관계와 경영관계로 구분하여 기본관계에서의 행위는 행정행위이며 사법심사가 가능하다고 하여 법치주의의 적용이 배제되는 범위를 축소하여 구성원의 권리보호문제를 다루었다.

2. 부정설

(1) 일반적·형식적 부정설

이 견해는 국민의 자유와 평등의 실질적 보장을 기본이념으로 하는 실질적 법치국가에서는 특별권력관계에서의 특별권력도 일반공권력과 마찬가지로 법치주의가 일반적·형식적으로 적용되며 법률에 근거하지 않는 특별권력의 발동을 인정할 수 없다는 주장이다.

(2) 개별적·실질적 부정설

이 견해는 종래 특별권력관계로 이해되어 온 여러 법률관계를 그 내용을 개별적으로 검토해 보면 비권력적인 관리관계나 일반권력관계로 분해·환원시킴으로써 특별권력관계를 실질적으로 부정하는 입장이다.

---

41) O. Bachof, Verwaltungsalet und innerdienstliche Weisung, S. 285ff.

Ⅲ. 특별권력관계의 성립과 소멸

1. 성립

특별권력관계가 성립하기 위하여서는 두 가지 공법상의 특별한 법률원인이 필요하다. 직접 법률의 규정에 의한 경우와 당사자의 동의에 의한 경우가 그것이다.

2. 소멸

특별권력관계가 소멸하는 일반적 사유로는 목적의 달성(대학졸업), 탈퇴(공무원의 사임), 일방적 배제(학생의 퇴학처분) 등이다.

Ⅳ. 특별권력관계의 종류

1. 공법상의 근무관계

국가와 국가공무원, 지방자치단체와 지방공무원의 근무관계와 같이 공무원으로 임명된 자는 국가·지방자치단체에 대하여 포괄적인 근무의무를 진다.

2. 공법상의 영조물이용관계

학생의 국공립학교재학관계, 전염병환자의 국공립병원재원관계 등이 그 예인데, 이러한 이용관계는 단순한 경제적 급부를 내용으로 하는 사법관계가 아니고 윤리적 성격을 가진다.

3. 공법상의 특별감독관계

국가와 공공단체의 관계, 국가와 국가로부터 국가사무를 위임받은 행정사무수임자와 특별한 법률관계를 가짐으로써 국가로부터 특별감독을 받는 관계에 있다.

4. 공법상의 사단관계

산림조합 등 공공조합과 그 조합원과의 관계로서 공공조합은 그 조합원에 대하여 특별한 권력을 가진다.

Ⅴ. 특별권력관계의 내용

특별권력관계에 있어서의 특별권력은 그 내용상 명령권과 징계권의 두 가지이다.

Ⅵ. 특별권력관계와 법치주의

1. 법률유보

특별권력관계에 있어서도 법률유보의 원칙이 적용된다 하겠으며, 따라서 국민의 권리의무에 관한 명령·강제는 법률에 근거가 있어야 한다. 다만 특별권력관계는 그 목적과 기능이 특수하므로 법치주의가 상대적으로 다소 완화될 수 있다 할 것인 바, 본질적 사항을 제외하고는 어느 정도 개괄조항에 의한 수권이 가능하다 하겠으며, 개괄조항의 해석에 있어서도 당해 관계의 기능이 위축되지 않는 범위 안에서 구체화 할 수 있어야 할 것이다.[42]

2. 기본권제한

특별권력에 의하여 헌법상의 기본권을 제한함에 있어서도 법률에 근거가 있어야 할 것이다. 종래 통설에서와 같이 법률에 근거가 없는 경우에도 특별권력관계의 설립목적에 필요한 범위 안에서 기본권제한이 가능하다고 보고 그 정당화의 근거를 특별권력관계의 성립원인인 법률 또는 상대방의 동의(포기)에서 구할 수 있다는 주장은 더 이상 허용될 수 없다.

3. 사법심사

특별권력관계에서의 특별권력에 의하여 불이익을 받은 자가 사법적 보호를 받을 수 있는가에 대하여, 종래에는 다음과 같은 견해가 대립하고 있었다. ① 일반권력관계와 특별권력관계는 절대적으로 구별되어야 한다는 절대적구별설의 입장에서는 사법심사는 전면 부정되었고, ② 상대적구별설의 일종인 내부·외부관계조정설의 입장에서는 외부관계만이 심사의 대상이 되고, ③ 특별권력관계를 부정하는 부정설의 입장에서는 사법심사가 전면적으로 인정된다.

42) 박윤흔, 행정법강의(상), 188면.

※ 전통적 특별권력관계

<table>
<tr><td>의의</td><td colspan="2">① 특별한 법률상의 원인에 의하여 성립, ② 구체적인 법률의 근거없이도 포괄적으로 지배, ③ 법치주의의 적용이 배제됨</td></tr>
<tr><td rowspan="2">특별권력관계 수정설(울레)</td><td>기본관계</td><td>공무원의 임면 · 전직, 국공립학생의 입학허가 · 제적 · 정학, 수형자의 형집행 등</td></tr>
<tr><td>경영관계</td><td>공무원에 대한 직무명령, 군인의 훈련 · 관리, 학생에 대한 수업행위, 수형자에 대한 행형 등</td></tr>
<tr><td rowspan="3">성립</td><td>직접 법률의 규정</td><td>수형자의 교도소 수감, 법정전염병환자의 강제입원, 공공조합에의 강제가입, 징소집 해당자의 입대 등</td></tr>
<tr><td rowspan="2">당사자의 동의</td><td>① 임의적 동의(공무원임명, 국공립학교에의 입학, 국공립도서관 이용관계의 설정 등)</td></tr>
<tr><td>② 강제적 동의(학령아동의 초등학교 입학 등).</td></tr>
<tr><td>소멸</td><td colspan="2">목적의 달성(대학졸업), 탈퇴(공무원의 사임), 일방적 배제(학생의 퇴학처분) 등</td></tr>
<tr><td>종류</td><td colspan="2">① 공법상 근무관계, ② 공법상 영조물이용관계, ③ 공법상 특별감독관계, ④ 공법상 사단관계</td></tr>
</table>

제4장

행정상 법률관계의 원인(법률요건·법률사실)

제4장
행정상 법률관계의 원인(법률요건·법률사실)

제1절 개설

Ⅰ. 의의

행정법상의 법률요건이란 행정법관계의 발생·변경 또는 소멸의 법률효과를 발생시키는 사실을 말하며, 이러한 법률요건을 이루는 개개의 사실을 행정법상의 법률사실이라 한다.

Ⅱ. 종류

1. 행정법상의 사건

행정법상의 사건(자연적 사실)이란 사람의 정신작용을 요소로 하지 아니하는 법률사실을 말한다. 사람의 생사, 시간의 경과, 일정한 연령의 도달 등과 같은 자연적 사실도 있고, 물건의 소유·점유, 일정한 장소에서 거주,

행정강제 등의 사실행위도 있다.

2. 행정법상의 용태

행정법상의 용태는 정신적 작용을 요소로 하는 공법상의 법률요건·법률사실을 말하며, 이는 다시 외부적 용태(행위)[43]와 내부적 용태(내심)[44]로 나누어진다.

제2절 행정법상의 사건

Ⅰ. 시간의 경과

행정법상의 법률관계는 시간의 경과라는 사실에 의하여 발생·변경 또는 소멸되는 경우가 있다. 공법적 효과가 부여되는 시간의 경과와 관련되는 문제는 주로 기간·시효·제척기간·실효 등이 문제된다.

1. 기간

(1) 의의

기간이란 한 시점에서 다른 시점까지의 시간적 길이(간격)를 말한다. 이

---

43) 외부에 표시된 정신작용에 의하여 일정한 행정법상의 법률효과를 발생시키는 것으로서, 공법행위가 그 중심을 이루고 있다(예, 행정행위, 행정입법, 행정계약 등).

44) 외부에 표시되지 아니한 내부적 정신상태만으로 행정법상의 법률효과를 발생시키는 것(예, 선의, 악의, 고의, 과실 등)

점에서 기일·시기와 구별됨은 물론이고 기한(부관)과도 구별된다.

(2) 기간의 기산점

기간을 시·분·초로 정한 경우에는 즉시로부터 기산하며, 일·주·월·년으로 정한 경우에는 특별한 규정이 없으면 초일을 산입하지 않고 익일부터 기산한다(민법 제156조, 제157조). 다만 이 초일불산입의 원칙은 연령계산과 기간이 오전영시로부터 시작되는 때에는 적용하지 않는다(민법 제157조 단서, 제158조).

(3) 기간의 만료점

민법의 원칙에 의하면, 기간을 일·주·월 또는 년으로 정한 경우에는 그 기간의 말일이 종료됨으로써 기간이 만료되는 것이 원칙이나, 말일이 공휴일인 때에는 그 익일에 만료된다(민법 제159조·제161조).

2. 시효

(1) 의의

시효란 일정한 사실상태가 오랫동안 계속한 경우에, 그 상태가 진실한 권리관계에 부합하느냐의 여부에 관계없이 그 사실상태를 그대로 존중하여 이를 권리관계로 인정하는 제도이다.

(2) 금전채권의 소멸시효

행정법상 시효에 관하여 주로 문제가 되는 것은 금전채권관계에 관한 것이다. 이와 관련하여 국가의 경우에는 국가재정법이, 지방자치단체의 경우에는 지방재정법이 각각 일반규정을 두고 있다. 국세기본법, 공무원연금법 등도 행정법상의 시효에 관하여 규정하고 있다.

1) 시효기간

국가나 지방자치단체를 당사자로 하는 금전채권은 그 어느 쪽에 대한 것이든 다른 법률에 특별한 규정(관세법, 공무원연금법 등)이 없으면, 5년간 이를 행사하지 않을 때에는 시효로 인하여 소멸한다(국가재정법 제96조).

2) 시효의 중단·정지

시효의 중단·정지 등에 관하여 법령에 특별한 규정이 없으면 민법의 규정을 준용한다.

《판례》

「시효중단사유는 기록상 현출되어 원심판시 자체에 이를 인정하고 있는 이상 피고의 시효중단에 관한 명시적인 항변이 없더라도 행정소송법 제26조에 따라 직권으로 심리판단할 사항이다」(대판 1987. 1. 20, 86 누 346)

(3) 공물의 시효취득

사물은 원칙적으로 부동산은 20년간, 동산은 10년간 소유의 의사로서 평온·공연하게 점유를 계속하면 소유권을 취득한다(민법 제245조 1항, 제246조)고 규정하고 있다. 이러한 민법 규정이 공물에도 적용되는가에 대하여는 긍정설(제한적 시효취득설·완전시효취득설)과 부정설이 있으나, 판례는 부정설의 입장이다.

> **《판례》**
>
> 행정재산은 공용폐지가 되지 아니한 상태로는 사법상의 거래의 대상이 될 수 없으므로, 시효취득의 대상이 되지 않는다(대판 1993. 7. 17, 92다49973).

3. 제척기간

제척기간이란 일정한 권리에 대하여 법률이 정한 권리의 존속기간을 말한다. 법률관계의 신속한 확정을 목적으로 하는 이러한 제척기간은 행정법에도 예가 많이 있다(행정소송법 제20조, 행정심판법 제18조 1항·2항 등)

4. 실권

행정청이 행정행위의 위법상태를 장기간 묵인·방치함으로써 개인이 당해 행위의 존속을 신뢰하게 된 경우에는 행정청이 이후 그 위법성을 이유로 당해 행위를 취소할 수 없다는 법리이며, 신의성실원칙의 한 적용례이다.

Ⅱ. 주소·거소

1. 주소

(1) 주소의 의의

민법은 「생활의 근거되는 곳을 주소로 한다」(민법 제18조 제1항)라고 하여 일반적 규정을 두고 있다. 그러나 행정법상으로는 일반적 규정은 없지만 주민등록법에서 통칙적 규정을 두어, 행정법관계에서의 주소는 다른 법률에 특별한 규정이 없으면, 동법에 의한 주민등록지가 주소로 된다고 규정하고 있다(법 제23[45]).

(2) 주소의 수

주소의 수에 대하여는 입법례나 학설이 일치되고 있지 않으나, 민법은 객관주의에 입각하여 주소복수제를 명문화하고 있으나(민법 제18조 제2항), 주민등록법은 이중등록을 금지하고 있다(제10조 제2항). 따라서 행정법상의 주소는 특별한 규정이 없는 한 1개 주소에 한정된다.

2. 거소

거소란 사람이 다소의 기간 동안 계속하여 거주하는 장소로서, 그 장소와의 밀접한 정도가 주소만 못한 곳을 말한다. 행정법규에서는 1년 이상 거소를 둔 자에게 소득세의 납세의무를 부여하는 것(소득세법 제1조 1항)과 같이 거소에 대하여 일정한 법률효과를 부여하는 경우가 있다.

---

45) 제23조(주민등록자의 지위 등) ① 다른 법률에 특별한 규정이 없으면 이 법에 따른 주민등록지를 공법 관계에서의 주소로 한다.

※ 행정법상의 사건

<table>
<tr><td>의의</td><td colspan="4">사람의 정신작용을 요소로 하지 아니하는 법률사실(① 사람의 생사, 시간의 경과, 일정한 연령의 도달 등(자연적 사실), ② 물건의 소유 · 점유, 일정한 장소에서 거주, 행정강제 등(사실행위))</td></tr>
<tr><td rowspan="6">시간의 경과</td><td>기간</td><td colspan="3">한 시점에서 다른 시점까지의 시간적 길이</td></tr>
<tr><td rowspan="3">시효</td><td rowspan="2">소멸시효</td><td>시효기간</td><td>법률에 특별한 규정이 없으면 5년</td></tr>
<tr><td>시효의 중단 · 정지</td><td>시효의 중단 · 정지 등에 관하여 법령에 특별한 규정이 없으면 민법규정 준용</td></tr>
<tr><td>취득시효 (시효취득)</td><td colspan="2">① 사물: 부동산은 20년, 동산은 10년
② 공물: 공물 그 자체로서는 취득시효의 목적이 될 수 없음</td></tr>
<tr><td>제척기간</td><td colspan="3">소멸시효와 구별: ① 그 기간이 짧은 점, ② 중단 · 정지의 제도가 없는점, ③ 소송에서 원용이 없어도 고려되어야 한다는 점 등</td></tr>
<tr><td>실권</td><td colspan="3">행정청이 행정행위의 위법상태를 장기간 묵인 · 방치함으로써 개인이 당해 행위의 존속을 신뢰하게 된 경우에는 행정청은 이후 그 위법성을 이유로 당해 행위를 취소할 수 없다는 법리</td></tr>
<tr><td rowspan="2">주소</td><td colspan="4">주민등록법상 ① 자연인에 대한 주소는 의사주의에 의하면서도 주민등록이란 형식적 절차에 의하게 하고 있으나, ② 법인의 경우에는 민법이 법인의 주소는 그 주된 사무소의 소재지에 있는 것으로 한다(행정법관계에 있어서도 동일한 것으로 봄)</td></tr>
<tr><td colspan="4">주소의 수에 대하여 민법은 객관주의에 입각하여 주소복수주의를 명문화하고 있으나, 주민등록법은 이중등록을 금지함(행정법상의 주소는 특별한 규정이 없는 한 1개)</td></tr>
</table>

제3절 공법상의 사무관리와 부당이득

Ⅰ. 공법상의 사무관리

사무관리란 법률상 의무없이 타인을 위하여 그 사무를 관리하는 것을 말한다(민법 제734조). 예컨대 ① 국가의 특별감독 밑에 있는 사업에 대하여 감독원의 작용으로서 강제적으로 관리하는 경우(강제관리), ② 재해시에 행하는 구호, ③ 시·군에서 행하는 행려병자 또는 사자 취급과 같이 보호를 위하여 관리하는 경우(보호관리), ④ 사인이 비상재해 기타의 경우에 행정사무의 일부(역무제공)를 관리하는 경우 등이다.

Ⅱ. 공법상의 부당이득

부당이득이란 원래 사법상의 관념으로, 법률상 원인없이 타인의 재산 또는 노무로 인하여 이익을 얻고, 이로 인하여 타인에게 손해를 끼치는 것을 말한다(민법 제741조). 예컨대 조세의 과오납, 공무원의 과액의 봉급수령, 연금을 받을 자격이 없는 자의 연금수령 등이다.

※ 공법상의 사무관리와 부당이득

사무관리	의의	법률상 의무없이 타인을 위하여 그 사무를 관리하는 것
	종류	강제관리, 수난구호, 보호관리, 역무제공 등
부당이득	의의	법률상 원인없이 타인의 재산 또는 노무로 인하여 이익을 얻고, 이로 인하여 타인에게 손해를 끼치는 것
	종류	조세의 과오납, 공무원의 봉급과액수령 등

제4절 행정법상의 행위(공법행위)

Ⅰ. 개설

1. 공법행위의 의의

공법행위란 일반적으로 국가 기타 행정주체와 사인간의 공법관계에 있어서의 행위로서 공법적 법률효과를 발생·변경·소멸시키는 모든 행위를 가리키는 것으로 사법행위에 대한 관념이다.

2. 공법행위의 종류

공법행위의 종류로는 ① 행정주체의 공법행위와 사인의 공법행위, ② 권력행위와 비권력행위, ③ 단독행위와 쌍방적 행위, ④ 적법행위·위법행위·부당행위 등이 있다.

Ⅱ. 사인의 공법행위

1. 의의

사인의 공법행위란 공법관계에 있어서의 사인의 모든 법적 행위, 즉 공법적 효과가 부여되는 사인의 행위를 총칭한다.

2. 사인의 공법행위의 종류

① 사인의 지위에 따른 공법행위로서 사인이 행정주체의 상대방의 입장에서 행하는 행위와 행정객체의 입장에서 행하는 행위가 있으며, ② 성질에 따른 분류로는 합성행위·합동행위, 신청행위, 통지행위, 동의 등이 있으며, ③ 의사표시의 수에 따른 분류로는 단순행위와, 합성행위가 있으며, ④ 효과에 따른 분류로는 자체완성적 공법행위, 행정요건적 공법행위가 있다.

※ 사인의 공법행위

<table>
<tr><td>의의</td><td colspan="2">공법관계에서 사인의 모든 법적 행위, 즉 공법적 효과가 부여되는 사인의 행위를 총칭</td></tr>
<tr><td rowspan="11">종류</td><td rowspan="2">사인의 지위에 따라</td><td>① 행정주체의 입장(예, 선거인의 투표행위)</td></tr>
<tr><td>② 행정주체의 상대방의 입장(예, 각종의 신고나 신청의 제출 등)</td></tr>
<tr><td rowspan="5">성질에 따라</td><td>① 합성행위(예, 선거 등)</td></tr>
<tr><td>② 합동행위(공공조합 설립행위 등)</td></tr>
<tr><td>③ 신청행위(허가신청 등)</td></tr>
<tr><td>④ 통지행위</td></tr>
<tr><td>⑤ 동의</td></tr>
<tr><td rowspan="2">의사표시의 수에 따라</td><td>① 하나의 의사표시로 구성되는 단순행위(신고 · 신청 등)</td></tr>
<tr><td>② 다수의 공동의사표시로 하나의 의사가 구성되는 합성행위(선거행위)</td></tr>
<tr><td rowspan="2">효과에 따라</td><td>① 자체완성적 공법행위(일정한 의사표시나 단순한 사실의 통지 그 자체만으로 일정한 법률효과를 발생하는 공법행위)</td></tr>
<tr><td>② 행정요건적 공법행위(그 자체로서 법률효과를 완성하지 못하고 법률효과를 발생시키기 위한 하나의 요건에 불과한 공법행위)</td></tr>
</table>

제2편
행정작용법

제1장 행정입법

제1절 법규명령

Ⅰ. 의의 및 성질

법규명령이라 함은 행정기관이 정립한 성문의 일반적·추상적 명령 중에서 법규의 성질을 가진 것을 말한다. 법규적 성질을 가지고 있다는 것은 모든 국민과 국가기관을 구속하는 대외적·일반적 구속력이 있다는 의미이며 그러한 점에서 법규적 성질을 갖지 아니하고 대내적·행정조직 내부에서만 구속력이 있는 행정규칙(행정명령)과 구별된다.

Ⅱ. 종류

법규명령은 여러 가지 기준에 의하여 분류될 수 있다.

1. 수권의 근거·범위에 따른 구분

(1) 비상명령

비상사태를 수습하기 위하여 행정부가 직접 헌법에 근거하여 발하는 헌법적 효력을 가진 명령을 말한다.

(2) 법률대위명령

헌법에 직접 근거하여 발하는 법률적 효력을 가지는 명령으로서, 현행 헌법상 대통령의 긴급명령, 긴급재정·경제명령(제76조 1항·2항)이 이에 해당한다.

(3) 법률종속명령

법률보다 하위의 효력을 가지는 명령이다. 법률적 효력을 가지는 긴급명령 등을 제외한 대통령령·총리령·부령 등이 모두 이에 속한다.

2. 법형식(발령권한의 소재)에 따른 구분

(1) 헌법이 인정하는 법규명령

1) 긴급명령, 긴급재정·경제명령

헌법 제76조[46]는 법률적 효력을 가지는 대통령의 긴급재정·경제명령과

---

46) ① 대통령은 내우 · 외환 · 천재 · 지변 또는 중대한 재정 · 경제상의 위기에 있어서 국가의 안전보장 또는 공공의 안녕질서를 유지하기 위하여 긴급한 조치가 필요하고 국회의 집회를 기다릴 여유가 없을 때에 한하여 최소한으로 필요한 재정 · 경제상의 처분을 하거나 이에 관하여 법률의 효력을 가지는 명령을 발할 수 있다. ② 대통령은 국가의 안위에 관계되는 중대한 교전상태에 있어서 국가를 보위하기 위하여 긴급한 조치가 필요하고 국회의 집회가 불가능한 때에 한하여 법률의 효력을 가지는 명령을 발할 수 있다.

긴급명령을 인정하고 있다.

2) 대통령령

대통령이 법률에서 구체적으로 범위를 정하여 위임받은 사항이나, 법률을 집행하기 위하여 필요한 사항에 관하여 정하는 법규명령이다. 보통 '시행령'이라는 명칭을 사용한다.

3) 총리령·부령

총리령이란 국무총리가 법률 또는 대통령령의 위임 또는 직권에 의하여 발하는 명령이며, 부령이란 행정각부의 장이 법률이나 대통령령의 위임 또는 직권으로 발하는 명령이다.[47] 여기에서 법률 또는 대통령령의 위임으로 발하는 명령이 위임명령이며, 직권으로 발하는 명령이 집행명령이다.

4) 중앙선거관리위원회규칙

중앙선거관리위원회는 법령의 범위 안에서 선거관리, 국민투표관리 또는 정당사무에 관한 규칙을 제정할 수 있다(헌법 제114조 6항). 이 규칙에는 내용적으로 위임명령과 집행명령이 포함되어 있다.

---

47) 헌법 제95조 국무총리 또는 행정각부의 장은 소관사무에 관하여 법률이나 대통령령의 위임 또는 직권으로 총리령 또는 부령을 발할 수 있다.

※ 법규명령

<table>
<tr><td>의의</td><td colspan="3">행정기관이 정립한 성문의 일반적 · 추상적 명령 중에서 법규의 성질을 가진 (대외적 · 일반적 구속력)</td></tr>
<tr><td rowspan="9">종류</td><td rowspan="4">수권의 근거 · 범위에 의한 분류</td><td colspan="2">비상명령</td></tr>
<tr><td colspan="2">법률대위명령</td></tr>
<tr><td rowspan="2">법률종속명령</td><td>위임명령(보충명령)</td></tr>
<tr><td>집행명령</td></tr>
<tr><td rowspan="5">법형식에 의한 분류</td><td colspan="2">긴급명령, 긴급재정 · 경제명령</td></tr>
<tr><td colspan="2">대통령령</td></tr>
<tr><td colspan="2">총리령 · 부령</td></tr>
<tr><td colspan="2">중앙선거관리위원회규칙</td></tr>
<tr><td colspan="2">감사원규칙</td></tr>
<tr><td>하자</td><td colspan="3">법규명령에 흠이 있는 경우에는 무효(※ 위헌 · 위법한 법규명령에 기하여 행하여진 행정행위는 당연무효로 볼 수는 없고 취소사유에 해당한다(판례)</td></tr>
<tr><td>소멸</td><td colspan="3">① 행정권의 의사표시,
② 내용상 그와 충돌되는 동위 또는 상위의 명령의 제정 또는 개정</td></tr>
</table>

※ 법규명령에 대한 통제

국회에 의한 통제	① 간접적 통제: 국정감사 · 조사, 국무총리 등에 대한 질문, 국무총리 또는 국무위원의 해임건의 및 대통령 등에 대한 탄핵소추 ② 직접적 통제 : 법규명령의 성립 · 발효에 대한 동의 또는 승인, 의회에의 제출절차(영국), 동의권유보(독일), 긴급재정 · 경제명령과 긴급명령에 대한 국회의 승인
사법적 통제	① 일반법원에 의한 통제 : 구체적 규범통제 ② 헌법재판소에 의한 통제
행정적 통제	① 행정감독에 의한 통제 ② 절차적 통제 : 법규명령안의 사전통지, 이해관계인의 청문, 관계기관과의 협의 및 공포
국민에 의한 통제	입법예고제

제2절 행정규칙

Ⅰ. 의의

행정규칙이란 행정조직내부 또는 특별행정법관계내부에서 조직이나 활동을 규율하기 위하여 상급행정기관이 하급행정기관에 대하여 발하는 일반적·추상적 규범으로서 내부적 효과만을 가질 뿐 대외적으로 구속력이 없는(비법규성) 행정입법을 말한다.

Ⅱ. 종류

1. 내용에 의한 구분

(1) 조직규칙

조직규칙이란 행정기관의 설치·조직, 내부적인 권한배분, 사무처리절차 등에 관한 행정규칙을 말한다.

(2) 근무규칙

근무규칙이란 상급기관이 하급기관 및 그 구성원의 근무에 관한 사항을 계속적으로 규율하기 위하여 발하는 행정규칙이다. 사무관리규정(대통령령) 및 동 시행규칙(총리령)은 근무를 명하는 지시문서를 훈령·지시·예규·일일명령으로 나누고 있다. 행위통제규칙이 근무규칙의 주요내용을 이루고 있다.

(3) 영조물규칙

국립학교·국립도서관 등 공공의 영조물의 조직·관리·사용(이용) 등을 규율하기 위하여 영조물의 관리청이 발하는 행정규칙이다. 국립대학교학칙, 국립도서관규칙 등이 이에 속한다. 영조물규칙은 특별명령(특별규칙)의 일종이다.[48]

2. 형식에 의한 구분

(1) 훈령

훈령이란 상급기관이 하급기관에 대하여 상당히 장기간에 걸쳐 그 권한의 행사를 일반적으로 지휘·감독하기 위하여 발하는 명령이다.

(2) 지시

지시란 상급기관이 하급기관에 대해서 직권이나 또는 하급기관의 문의나 신청에 의하여 개별적·구체적으로 발하는 명령을 말한다.

(3) 예규

법규문서 이외의 문서로서 반복적 행정사무의 기준을 제시하는 명령이다.

---

48) 포르스트호프(E. Forsthoff)는 영조물규칙의 내부적 성질을 인정하면서도 영조물이 일반국민에게 필수적인 물자를 공급하는 것일 때에는 그 영조물의 이용은 자유와 재산 이상으로 개인의 이익에 관계된다고 하여 외부적 작용에 속한다고 하여 법규성을 인정하였다. Forsthoff, Lehrbuch des Verwaltungsrechts, I. 10, Aufl., S. 140.

(4) 일일명령

일일명령이란 당직·출장·시간외근무·휴가 등 일일업무에 관한 명령이다.

3. 특별권력관계의 종류에 의한 구분

종래 특별권력관계는 ① 공법상의 근무관계, ② 공법상의 영조물 이용관계, ③ 공법상의 감독관계, ④ 공공조합에 있어서의 조합과 조합원과의 관계 등으로 구분되는 바, 그와 같은 구분에 따라 행정규칙을 ① 근무규칙, ② 영조물 이용규칙, ③ 감독규칙, ④ 사원규칙 등으로 나눈다.

※ 행정규칙

<table>
<tr><td>의의</td><td colspan="3">행정조직내부 또는 특별행정법관계내부에서 조직이나 활동을 규율하기 위하여 상급행정기관이 하급행정기관에 대하여 발하는 일반적 · 추상적 규범(내부적 효과).</td></tr>
<tr><td rowspan="12">종류</td><td rowspan="7">내용에 의한 구분</td><td colspan="2">조직규칙</td></tr>
<tr><td colspan="2">근무규칙</td></tr>
<tr><td colspan="2">영조물규칙</td></tr>
<tr><td rowspan="4">기타</td><td>규범구체화행정규칙</td></tr>
<tr><td>간소화규칙</td></tr>
<tr><td>법률대위규칙</td></tr>
<tr><td>재량준칙</td></tr>
<tr><td rowspan="5">형식에 의한 구분</td><td colspan="2">훈령</td></tr>
<tr><td colspan="2">지시</td></tr>
<tr><td colspan="2">예규</td></tr>
<tr><td colspan="2">일일명령</td></tr>
<tr><td colspan="2">고시</td></tr>
</table>

행정규칙의 법규성을 인정한 판례	① 국세청훈령인 재산제세조사사무처리규정, ② 개별토지가격합동지침, ③ 국세청훈령인 주류도매면허제도개선업무처리지침, ④ 건축사사무소의 등록취소 및 폐쇄처분에관한규정, ⑤ 주류도매면허제도개선업무지침, ⑥ 식품제조영업허가기준(허가제한영업을 지정한 보건복지부장관 고시), ⑦ 법무부장관이 정한 출국금지 기준, ⑧ 생수시판에 관한 보사부고시 등
행정규칙의 법규성을 부정한 판례	① 자동차운수사업법 제31조 등의 규정에 의한 사업면허의 취소처분 등의 처분에 관한 규칙, ② 수산업에 관한 어업면허사무취급규정, ③ 공중위생법시행규칙 제41조 별표, ④ 구 유기장업법시행규칙 제9조, ⑤ 교육위원회의 인사관리규칙, ⑥ 행정절차운영지침

※ 법규명령과 행정규칙

구분	법규명령	행정규칙
본질	① 법규성 있음 ② 일반적 · 양면적 구속력	① 법규성이 없음 ② 대내적 · 일면적 구속력
권력적 기초	일반통치권	포괄적 특별권력
근거	위임명령; 상위법령의 개별적 수권	집행명령: 상위법령의 근거불요
형식	대통령령, 총리령, 부령, 중앙선거관리위원회 규칙 등	훈령, 지시, 일일명령, 예규 등
효력발생	공포요	공포 불요(도달로 족함)
위반행위의 효과	① 위법 ② 법규명령에 위반한 경우는 행정쟁송제기 가능	① 위법행위는 효력에 영향 없으나, 징계사유 ② 행정규칙에 위반한 경우는 행정쟁송제기 불가

제2장 행정행위

제1절 행정행위의 개념과 특성

Ⅰ. 행정행위의 개념

행정행위의 개념은 광·협의 여러 가지 의미로 이해되어 있으나, 오늘날에 있어서는 가장 좁은 의미로 이해함이 일반적이다. 즉, 행정행위는 '행정청이 법 아래서 구체적 사실에 관한 법집행으로서 행하는 권력적 단독행위인 공법행위'를 말한다.

Ⅱ. 행정행위의 특수성

행정행위의 특수성으로는 ① 법적합성,[49] ② 공정성,[50] ③ 구성요건성,[51]

49) 행정행위는 행정청이 일방적으로 권리를 부여하거나 의무를 부과하는 등 권력적 행위이므로 그 발동에 있어서는 반드시 법적 근거가 있어야 하고, 또한 그 내용도 법에 적합하여야 한다.

50) 행정행위는 흠이 있다 하더라도 그것이 중대하고도 명백하여 무효로 되지 않는

④ 존속성(불가쟁성·불가변성),[52] ⑤ 강제력 등이 있다.

Ⅲ. 행정행위의 효력

행정행위가 성립요건과 효력발생요건을 구비하면 완전한 효력을 발생하는데, 어떠한 효력이 발생하는가는 행위의 종류에 따라 다르다. 이러한 효력으로는 ① 구속력, ② 공정력, ③ 존속력(확정력), 강제력, 구성요건적 효력 등의 효력을 갖는다.

한 유효한 행위로서 잠정적인 통용력이 인정되어, 권한 있는 기관이 취소하기 전까지는 그 상대방을 구속하는 힘을 가지는 것을 공정성이라 한다.

51) 하자 있는 행정행위라도 취소되지 않는 한 유효한 행위로 존재하므로 다른 국가기관(다른 행정청·법원)은 그의 존재를 존중하여 스스로의 판단의 기초 내지 구성요건으로 삼아야 한다.

52) 행위에 대한 항고쟁송은 일정한 쟁송기간안에 제기해야 하며 그 기간이 경과했거나 심급을 다 거친 경우에는 상대방은 더 이상 이를 다툴 수 없다. 행정행위의 이러한 효력을 불가쟁력이라 한다. 또한 행정청(처분청)일지라도 일단 행한 행정행위는 당해 행위의 성질 또는 법적 안정성 등의 견지에서 취소·변경·철회할 수 없는 경우가 있는 바, 이를 행정행위의 불가변력이라 한다.

※ 불가쟁력(형식적 확정력)과 불가변력(실질적 확정력)

의의	① 불가쟁력은 행정행위의 상대방이 행정행위의 효력을 더 이상 다툴 수 없는 효력, ② 불가변력은 행정행위 중 성질상 직권에 의한 취소 · 철회가 인정되지 않는 경우
양자의 관계	① 불가쟁력은 행정행위의 상대방 및 이해관계인에 대한 구속력인데 대하여, 불가변력은 주로 처분청 등 행정기관에 대한 구속력 ② 불가쟁력이 생긴 행정행위가 당연히 불가변력을 발생시키는 것은 아님(따라서 불가쟁력이 발생한 행정행위도 불가변력이 발생하지 않는 한, 권한 있는 기관이 취소 · 변경하는 것은 당연함) ③ 불가변력이 있는 행정행위가 당연히 불가쟁력을 가지는 것은 아님(따라서 불가변력이 있는 행정행위도 쟁송제기기간이 경과하기 전에는, 쟁송을 제기하여 그 효력을 다툴 수 있다) ④ 불가쟁력이 절차법적 효력인데 대하여, 불가변력은 실체법적 효력이라고도 함 ⑤ 무효인 행정행위는 쟁송제기기간의 제한을 받지 않으므로 불가쟁력은 발생하지 않는다.

※ 행정행위의 특질

① 법적합성	
② 공정력	
③ 구성요건적 효력	
④ 존속력(확정력)	불가쟁력(형식적 확정력)
	불가변력(실질적 확정력)
⑤ 실효성(제재력, 자력집행력)	
⑥ 구제제도(행정상 손해전보, 행정쟁송)	

제2절 행정행위의 종류

Ⅰ. 주체에 따른 분류

행정행위는 그 주체를 기준으로 하여 ① 국가의 행정행위(징집처분 등), ② 지방자치단체의 행정행위(호적신고 수리 등), ③ 공무수탁사인의 행정행위(수출품 검사처분 등) 등으로 분류할 수 있다.

Ⅱ. 내용에 따른 분류

행정행위의 내용에 의한 구분으로 법률행위적 행정행위와 준법률행위적 행정행위를 들 수 있다. 양자는 사실행위와는 달리 정신작용을 구성요소로 하는 법적행위에 속하고 법률효과를 발생하는 점에서 같다.

그러나 법률행위적 행정행위는 행정주체의 의사표시를 구성요소로 하는데, 준법률행위적 행정행위는 의사표시 이외의 정신작용(판단·인식·관념의 표시)의 표시를 구성요소로 한다. 전자에 있어서는 그 법적 효과가 효과의사의 내용에 따라, 다시 말하면 표의자가 의욕한 대로 부여되는데, 후자에 있어서는 그 법적 효과가 행위자의 의사와는 관계없이 직접 법규에 의하여 부여된다. 전자는 다시 명령적 행위(하명·허가·면제)와 형성적 행위(특허·인가·대리)로 구분되고, 후자는 확인·공증·통지·수리로 구분된다.

Ⅲ. 상대방의 협력여부에 따른 분류

상대방의 협력이 필요한가에 따라 직권적 행정행위(단독적 행정행위)와 협력을 요하는 행정행위로 나눌 수 있다. 후자는 신청(또는 동의)에 의한 행정행위를 말한다. 동의에 의한 행정행위는 문자 그대로 행정청의 직접 상대방의 동의에 입각하여 행해지는 행정행위로서 각종의 허가·특허·인가, 공무원의 임명, 귀화허가 등 그 예는 매우 많다.[53]

Ⅳ. 법의 구속정도에 따른 분류

행정행위가 법과의 관계에서 법의 엄격한 구속을 받는지의 여부에 따라 기속행위와 재량행위로 구분된다.

※ 행정행위의 종류

① 구성요소	① 법률행위적 행정행위, ② 준법률행위적 행정행위
② 행정청의 구속	① 기속행위, ② 재량행위
③ 상대방에 대한 효과	③ 복효적 행정행위, ① 수익적 행정행위, ② 부담적 행정행위,
④ 행정행위의 대상	① 대인적 행정행위, ② 대물적 행정행위, ③ 혼합적 행정행위
⑤ 상대방의 협력여부	① 쌍방적 행정행위, ② 독립적 행정행위
⑥ 법률상태의 변동여부	① 적극적 행정행위, ② 소극적 행정행위
⑦ 결정단계	① 가행정행위, ② 종행정행위

53) 김남진, 행정법의 기본문제, 239면.

제3절 수익적 행위·침익적 행위·복효적 행위

① 수익적 행정행위란 행정행위가 상대방에게 권리·이익을 새로이 부여하거나 이미 부과된 의무를 면제하는 등 유리한 효과를 발생하는 행정행위를 말하며, ② 침익적 행정행위란 상대방에게 의무를 부과하거나 이미 부여된 권리·이익을 박탈하는 등 불리한 효과를 발생하는 것을 말하며, ③ 복효적 행정행위란 행정행위의 직접 상대방에게는 유리한 효과를 발생하지만 제3자에게는 불이익을 초래하거나(예, 연탄공장설립허가로 인근주민은 불이익), 그 반대인 경우(예, 공해배출업소에 조업정지명령을 하면 인근주민은 이익)를 말한다.

제4절 기속행위와 재량행위

Ⅰ. 기속행위와 재량행위의 구별

구분	기속행위	재량행위
행정소송의 대상여부	대상이 됨	단순한 재량의 위반: 대상이 아님 재량의 일탈 · 남용: 대상이 됨
부관과의 관계	붙일 수 없음(법률규정이 있으면 가능)	붙일 수 있음
확정력과의 관계	불가변력 발생	취소, 철회가능(반대견해 있음)
공권 성립과의 관계	공법상의 권리인정	일반적으로 부정

Ⅱ. 재량행위가 위법이 되는 경우

재량의 유월 (일탈)	법이 선택재량을 부여한 경우에 선택권한의 한계를 벗어난 경우, 또는 행정청이 재량의 전제가 되는 사실관계가 존재하지 아니함에도 불구하고 권한행사를 하는 경우
재량의 남용	법이 행정청에게 재량을 인정하고 있으나 행정청이 재량을 인정한 법의 목적을 벗어나 다른 목적을 위하여 행사하거나 행정법의 일반원칙에 위반하여 행사하는 경우
재량의 흠결 또는 해태	행정청이 재량행위인데도 처음부터 기속행위로 오해하여 구체적 사안을 전혀 검토하지도 않고 거부처분을 해버리거나, 선택재량에 있어 어느 것이 가장 행정목적에 합당한 것인가에 대한 판단을 하지 않고 어느 하나의 행위만 하는 것으로 오해하여 처분하는 경우

Ⅲ. 판단여지의 인정영역

비대체적 결정	학생의 성적평가, 공무원의 근무평정, 학생의 진급결정 등 시험유사의 문제에 대한 결정과 같은 사람의 인격 · 적성 · 능력 등에 관한 결정
구속적 가치평가	전문인으로 구성된 합의제기관의 판단(예술 문화 등의 어떤 물건이나 작품의 가치 또는 유해성 판단 등)
예측 결정	미래예측적 성질을 가진 행정결정(대한민국의 이익을 해할 우려가 현저하다고 인정되는 자에 대한 법무부장관의 출국금지명령)
형성적 결정	예컨대 지방자치법은 "지방자치단체는 그 관할구역의 자치사무와 법령에 의하여 지방자치단체에 속하는 사무를 처리한다"라고 규정(따라서 지방자치단체는 그 주민의 복지증진과 관련하여 이에 의하여 광범한 형성적 자유를 누린다)

제5절 행정행위의 내용

<table>
<tr><td rowspan="8">법률행위적 행정행위</td><td rowspan="3">명령적 행위</td><td colspan="2">하명</td></tr>
<tr><td colspan="2">허가</td></tr>
<tr><td colspan="2">면제</td></tr>
<tr><td rowspan="5">형성적 행위</td><td rowspan="3">직접 상대방을 위한 행위</td><td>설권행위(특허)</td></tr>
<tr><td>변권행위</td></tr>
<tr><td>탈권행위</td></tr>
<tr><td rowspan="2">타자를 위한 행위</td><td>인가(보충행위)</td></tr>
<tr><td>공법상 대리</td></tr>
<tr><td>준법률행위적 행정행위</td><td colspan="3">확인, 공증, 통지, 수리</td></tr>
</table>

Ⅰ. 하명

<table>
<tr><td>개념</td><td colspan="2">국가가 개인에 대하여 작위 · 부작위 · 급부 · 수인 등의 의무를 명하는 행위</td></tr>
<tr><td>성질</td><td colspan="2">기속행위</td></tr>
<tr><td>형식</td><td colspan="2">행정행위로 행하는 것이 보통(법규하명도 있음)</td></tr>
<tr><td rowspan="3">종류</td><td>내용</td><td>작위하명 · 부작위하명(금지) · 수인하명 · 급부하명</td></tr>
<tr><td>분야</td><td>경찰하명 · 복지행정상의 하명 · 재정하명 · 군정하명 등</td></tr>
<tr><td>대상</td><td>대인하명 · 대물하명 · 혼합하명</td></tr>
</table>

하명의 대상이 되는 행위	주로 사실상의 행위를 대상으로 행해지나 법률상의 행위에 대해서도 행하여짐
효과	상대방에게 일정한 공법상의 의무(작위 · 부작위의무 등)를 발생시킴
하명위반의 효과	행정상 강제집행 또는 의무를 위반한 때에는 처벌(행정벌)이 과해짐(무효로 되는 것은 아님)

Ⅱ. 허가

<table>
<tr><td>개념</td><td colspan="3">법령에 의한 일반적 금지를 특정한 경우에 특정인에게 해제하여 적법하게 하는 일정한 사실행위 또는 법률행위</td></tr>
<tr><td rowspan="3">성질</td><td>명령적 행위</td><td colspan="2">허가는 상대방에게 금지를 해제하여 자연적 자유를 특정한 경우에 회복시켜주는 행위로서 명령적 행위</td></tr>
<tr><td>기속(재량)행위</td><td colspan="2">행정청의 허가여부의 결정은 법령에 특별한 규정이 없는 한 원칙적으로 기속행위(기속재량행위)</td></tr>
<tr><td>쌍방적 행정행위</td><td colspan="2">일반적으로 출원에 의하여 행해지는 쌍방적 행정행위(그러나 출원 없이도 행하여지는 경우(통행금지 해제, 보도관제의 해제 등)도 있다)</td></tr>
<tr><td>형식</td><td colspan="3">항상 행정처분의 형식으로만 행하여짐, 법규하명은 없음</td></tr>
<tr><td rowspan="4">종류</td><td rowspan="3">심사대상</td><td>대인적 허가</td><td>사람의 능력 · 지식 등 주관적 요소를 기준(의사면허, 운전면허, 약사면허, 통행금지 해제 등)</td></tr>
<tr><td>대물적 허가</td><td>물건의 상태, 내용 등 객관적 요소를 기준(음식점 영업허가, 건축허가, 차량검사 합격처분 등)</td></tr>
<tr><td>혼합적 허가</td><td>인적 · 물적 요소를 기준(가스사업허가, 총포화약류제조허가, 석유정제업 허가 등)</td></tr>
<tr><td>행정분야</td><td colspan="2">경찰허가 · 복리행정상의 허가 · 재정허가 · 군정허가 등</td></tr>
</table>

<table>
<tr><td>대상</td><td colspan="2">사실행위인 것이 보통이지만, 법률행위인 때도 있다.</td></tr>
<tr><td>상대방</td><td colspan="2">원칙적으로 특정인이지만 불특정다수인일 때도 있다.</td></tr>
<tr><td rowspan="4">효과</td><td>반사적 이익의 향유</td><td>단순한 반사적 이익에 불과(통설)</td></tr>
<tr><td>법률상 이익의 향유</td><td>법률상 이익으로서 법의 보호를 받는 경우도 있다.</td></tr>
<tr><td>허가와 타법상의 제한</td><td>허가의 효과는 관계법상의 금지를 해제하여 줄뿐이고 타법상의 제한까지 해제하지 않는다.</td></tr>
<tr><td>적법요건</td><td>허가는 적법하게 행위할 수 있는 요건임</td></tr>
<tr><td>무허가 행위의 효과</td><td colspan="2">허가없이 행한 경우 원칙적으로 행정상의 강제집행이나 행정벌의 대상이 됨(그 행위 자체의 효력이 당연히 부정되는 것은 아님)</td></tr>
</table>

Ⅲ. 특허

<table>
<tr><td>개념</td><td colspan="2">특정의 상대방에게 새로이 권리를 설정하는 행위, 능력을 설정하는 행위, 포괄적 법률관계를 설정하는 행위</td></tr>
<tr><td>특허와 출원</td><td colspan="2">상대방의 출원이 필요요건</td></tr>
<tr><td>형식</td><td colspan="2">원칙적으로 처분의 형식(법규특허 인정)</td></tr>
<tr><td rowspan="3">성질</td><td>형성적 행위</td><td>특정인에게 권리를 설정해 주는 형성적 행위</td></tr>
<tr><td>쌍방적 행정행위</td><td>특허는 사인의 의사표시(출원)에 의하여 행해지므로 쌍방적 행정행위</td></tr>
<tr><td>자유재량행위</td><td>특허는 공익상 필요에 따라 권리를 부여하는 설권행위이므로 자유재량행위</td></tr>
<tr><td rowspan="3">효과</td><td>권리 능의 설정</td><td>특허의 효과는 상대방에게 권리 등 법률상의 힘을 발생</td></tr>
<tr><td>효과의 이전성 여부</td><td>대인적 특허는 이전 불가, 대물적 특허는 이전 가능</td></tr>
<tr><td>유효요건</td><td>특허 없이 한 행위는 무효(효력발생요건)</td></tr>
</table>

Ⅳ. 인가(보충행위)

<table>
<tr><td>개념</td><td colspan="2">제3자의 법률행위를 보충하여 그 법률상의 효과를 완성시켜주는 행정행위</td></tr>
<tr><td>대상</td><td colspan="2">법률행위(사실행위는 그 대상이 될 수 없다)</td></tr>
<tr><td>신청</td><td colspan="2">당사자의 신청이 있는 경우에만 행하여지는 것이 원칙</td></tr>
<tr><td>형식</td><td colspan="2">처분의 형식(법규인가 부정)</td></tr>
<tr><td rowspan="4">효과</td><td>보충행위</td><td>제3자의 법률행위에 동의함으로써 그 효력을 완성시켜 주는 보충행위</td></tr>
<tr><td>효과의 이전</td><td>당해 행위에 대한 관계에서만 발생하고 타인에게 이전되지 않는 것이 원칙</td></tr>
<tr><td>유효요건</td><td>인가를 받아야 할 행위를 인가받지 않고 행한 때에는 무효</td></tr>
<tr><td colspan="2">※ ① 기본행위가 불성립 또는 무효로 된 때에는 인가가 있더라도 무효로 된다. 또한 ② 기본적 행위는 유효하고 인가만 무효인 때에는 무인가행위</td></tr>
</table>

Ⅴ. 허가·특허·인가의 이동(異同)

구분	허가	특허	인가
의의	상대적 금지를 해제하여 자연적 자유의 상태로 회복시키는 행위	특정인을 위한 새로운 권리설정행위	타인의 법률행위를 보완하여 이를 보충·완성시켜주는 행위
성질	명령적 행정행위, 적법요건	형성적 행정행위, 효력요건	형성적 행정행위, 효력요건
대상	법률행위·사실행위	법률행위	법률행위
당사자가 받는 이익	반사적 이익	권리로서의 이익	권리의 인정

출원	요함(예외 있음)	요함	요함
신청내용의 수정	가능	불가능	불가능
상대방	특정인 또는 불특정 다수인(통행금지해제)	특정인	특정인
위반행위의 효력	영향없이 유효, 행정상 제재받음	무효, 행정상 제재 받지 않음	무효, 행정상 제재 받지 않음
재량행위	기속재량	자유재량	자유재량
부관	가능	가능	성질상 자유로이 붙일 수 없음
이전성	대물적 허가에 인정	대물적 특허에 인정	부정
사례	운전면허, 의사면허, 목욕탕허가, 각종 영업허가 등	공기업특허, 광업허가, 어업면허, 귀화허가, 공법인의 설립 등	공공조합설립허가, 정관변경허가, 지방채기채승인 등

Ⅵ. 공법상 대리

의의	제3자가 해야 할 행위를 행정청이 대신하여 행하고, 그 행위가 제3자가 행한 것과 같은 법적 효과를 발생시키는 행정행위
성질	형성적 행위
종류	① 행정주체가 공익적 · 감독적 견지에서 공공단체 · 특허기업자 등을 대신하여 행하는 행위(감독청에 의한 공법인의 정관작성 · 임원임명 등)
	② 당사자 사이의 협의불성립의 경우에 조정적 입장에서 행하는 행위
	③ 제3자를 보호하는 입장에서 행하는 행위(행려병자 · 사자의 유류품 처분 등)
	④ 행정주체가 행정작용의 실효성을 확보하기 위하여 행하는 행위(조세체납처분으로서의 공매처분)

Ⅶ. 확인

의의	특정한 사실 또는 법률관계에 관하여 의문이나 다툼이 있는 경우에 그 존부(存否) 또는 정부(正否)를 행정청이 이를 유권적으로 판단하는 행위	
성질	준사법적 행위, 기속행위	
종류	① **조직법상 확인**	당선인의 결정 · 국가시험합격자 결정
	② **질서행정법상 확인**	도시계획상의 지역 · 지구 · 구역지정
	③ **복리행정상 확인**	도로구역결정 · 발명특허 · 교과서 검인정
	④ **재정법상 확인**	소득금액결정
	⑤ **쟁송법상 확인**	이의신청의 결정 · 행정심판의 재결
	⑥ **군법상 확인**	신체검사
형식	항상 구체적인 처분의 형식	

Ⅷ. 공증

의의	특정의 사실 또는 법률관계의 존부를 공적으로 증명하여 공적 증명력을 부여하는 행위
성질	요식행위, 기속행위
종류	① 부동산 등기부 · 외국인 등록부와 같은 공부에의 등기 · 등록, ② 토지대장 · 건축물관리대장 · 광업원부와 같은 각종 장부에의 등재, ③ 회의록 등에의 기재, ④ 당선증서 · 합격증서와 같은 각종의 증명서발급, ⑤ 영수증의 교부, ⑥ 여권 등의 발급, ⑦ 검인 · 증인의 날인 등
효과	공적증거력 발생(단, 반증이 있게 되면 행정청의 취소를 기다리지 않고도 전복시킬 수 있다)

Ⅸ. 통지

의의	특정인 또는 불특정다수인에 대해 특정한 사항을 알리는 행위	
종류	관념의 통지	사업인정의 고시 · 특허출원공고 · 귀화의 고시
	의사의 통지	대집행의 계고 · 납세의 독촉
효과	각 법령의 규정에 따라 다르다(대집행의 계고는 대집행에 대한 수인의무를, 조세체납자에 대한 독촉은 행정주체의 체납처분의 권리를 각각 발생)	

Ⅹ. 수리

의의	행정청이 타인의 행위를 유효한 행위로서 받아들이는 행위
효과	법령이 정하는 바에 따라 다름(수리되면 사법상의 법률효과가 발생하는 것, 공법적 법률효과가 발생하는 것 등)
수리거부	수리거부에 대해 행정쟁송 가능(손해발생시 행정상 손해배상 인정)

제6절 행정행위의 부관

Ⅰ. 부관의 의의

행정행위의 부관이란 행정행위의 효과를 제한하거나 의무를 부과하거나 요건의 보충을 위하여 주된 행위에 부가된 종된 규율(부수적 규율)을 말한다. 오늘날의 다수설의 견해이다.[54)]

Ⅱ. 부관의 종류

1. 조건

조건이란 행정행위의 효력의 발생 또는 소멸을 장래의 불확실한 사실에 의존케하는 부관을 말한다.

2. 기한

기한이란 행정행위의 발생·소멸 또는 계속을 시간적으로 정한 부관을 말하는 바, 시기와 종기가 있다. 2016년 1월 1일부로 허가한다고 하는 것이 전자의 예이고, 2016년 12월 31일까지 허가한다가 후자의 예이다.

---

54) 박윤흔, 행정법강의(상), 357면 ; 김남진, 행정법(I), 272면 ; 석종현(상), 286면 ; 이명구, 행정법원론, 278면.

3. 부담

부담이란 수익적 행정행위(허가·특허)에 붙여지는 것으로 상대방에게 작위·부작위·급부·수인 등 의무를 부과하는 부관을 말한다.

4. 철회권(취소권)의 유보

철회권의 유보란 행정청이 일정한 경우에 행정행위를 철회하여 그 효력을 소멸케 할 수 있음을 정한 부관을 말한다.

5. 법률효과의 일부배제(일부제한)

택시의 영업허가를 부여하면서 격일제운행을 부관으로 정하는 것과 같이 법률이 행정행위에 부여하는 효과의 일부를 배제하는 부관이다.

Ⅲ. 부관의 한계

1. 부관의 가능성

(1) 법률행위적 행정행위와 준법률행위적 행정행위

통설은 법률에 명문근거가 없다 하더라도 법률행위적 행정행위에 대해서만 붙일 수 있고 준법률행위적 행정행위에는 붙일 수 없다고 한다. 법률행위적 행정행위 중에도 부관은 재량행위에만 붙일 수 있고 기속행위에는 붙일 수 없다고 한다.

(2) 기속행위와 재량행위

종래의 통설은 법령상 명문규정이 없는 경우에는 부관은 기속행위에 대해서는 붙일 수 없고 재량행위에만 붙일 수 있다고 한다.

※ 행정행위의 부관

<table>
<tr><td>의의</td><td colspan="3">행정행위의 효과를 제한하거나 의무를 부과하거나 요건의 보충을 위하여 주된 행위에 부가된 종된 규율(유력설)</td></tr>
<tr><td>가능성</td><td colspan="3">① 법률행위적 행정행위, ② 새량행위</td></tr>
<tr><td rowspan="6">종류</td><td rowspan="2">조건</td><td>정지조건</td><td>일정한 사실의 발생으로 행정행위의 효과가 발생하는 경우(도로의 완공을 조건으로 하는 자동차운수사업의 면허 등)</td></tr>
<tr><td>해제조건</td><td>조건의 성취로써 행정행위의 효력이 소멸되는 경우(일정한 기간내에 공사착수를 조건으로 한 공유수면의 매립면허 등)</td></tr>
<tr><td>기한</td><td colspan="2">행정행위의 효력의 발생 또는 소멸을 장래 도래가 확실한 사실에 의존시키는 부관(시기와 종기)</td></tr>
<tr><td>부담</td><td colspan="2">수익적 행정행위에 붙여지는 것으로 상대방에게 작위 · 부작위 · 급부 · 수인 등 의무를 부과하는 부관</td></tr>
<tr><td>철회권의 유보</td><td colspan="2">행정청이 일정한 경우에 행정행위를 철회하여 그 효력을 소멸케 할 수 있음을 정한 부관</td></tr>
<tr><td>법률효과의 일부배제</td><td colspan="2">택시격일제운행 · 버스노선지정 등과 같이 법률이 행정행위에 부여하는 효과의 일부를 배제하는 부관</td></tr>
<tr><td>독립쟁송</td><td colspan="3">일반적으로 부관만을 따로 떼어 행정쟁송의 대상으로 할 수 없으나, 부담의 경우는 독립쟁송의 대상이 된다.</td></tr>
</table>

제7절 행정행위의 성립과 효력발생

Ⅰ. 행정행위의 성립요건

1. 내부적 성립요건

행정행위는 주체·내용·절차·형식이 법정요건에 적합하고 또한 공익에 적합하게 행정기관 내부에서 의사가 결정되어야 한다.

(1) 주체에 관한 요건

행정행위는 정당한 권한을 가진 기관이 권한의 범위 내에서 정상적인 의사작용에 기한 행위여야 한다.

(2) 내용에 관한 요건

행정행위는 그 내용에 있어서 적법하여야 하고 공익에 적합하여야 한다(적법·타당). 또한 사실상·법률상 실현가능하고 객관적으로 명백해야 한다.

(3) 절차에 관한 요건

행정행위의 성립에 일정한 절차(신청·청문·타 기관의 협력 등)가 법상 요구되고 있는 경우에는 그 절차를 거쳐야 한다. 그들 절차를 거치지 않으면 하자있는 행위로 된다.

(4) 형식에 관한 요건

행정행위의 형식요건에 있어서 중요한 것은 문서형식과 이유제시에 관한 것이다. 논자에 따라서는 이유제시를 절차상의 요건으로 다루기도 한다.

2. 외부적 성립요건

행정행위는 행정결정의 외부에 대한 표시행위이므로 행정기관 내부에서의 결정(기관장의 결재·합의체기관에서의 결정 등)이 있는 것만으로는 아직 행정행위가 성립하였다고 할 수 없고, 다시 외부에 표시되어야만 비로소 성립한다.

Ⅱ. 행정행위의 효력요건

행정행위는 내부적 요건을 갖추어 외부에 대하여 표시되면 일응 성립하는 것이고, 성립된 행정행위는 일반적으로 그 성립과 동시에 효력을 발생한다. 그러나 수령을 요하는 행정행위에 있어서는 상대방에게 고지하여 도달되어야 효력을 발생한다.

제8절 행정행위의 하자

Ⅰ. 개설

1. 행정행위의 하자의 의의

행정행위가 적법하게 성립하고 효력을 발생하기 위해서는 주체, 내용, 절차, 형식, 표시 등에 관한 적법요건과 효력요건을 갖추어야 한다. 이러한 요건을 갖추지 못할 경우에는 이 행정행위는 하자(흠)있는 행위로 되어 '취소할 수 있는 행정행위'로 되거나 '무효인 행정행위'로 된다.

2. 행정행위의 부존재

행정행위의 부존재란 행정행위 그 자체가 처음부터 성립되지 아니하고, 외관상 명백히 행정청의 행위로 볼 수 없는 행위를 말한다. 일반적으로 ① 명백히 행정청이 아닌 사인의 행위, ② 행정청의 행위일지라도 행정권발동으로 볼 수 없는 행위, ③ 행정기관내에서 내부적 의사결정만 있었을 뿐 아직 외부에 표시되지 아니하여 행정행위로서 성립하지 못한 행위, ④ 취소·철회·기한의 도래 등으로 소멸된 경우 등이 그에 해당하는 것으로서 예시되고 있다.

Ⅱ. 행정행위의 무효

행정행위의 무효란 행정행위가 무효원인이 있기 때문에 처음부터 아무런 효력도 발생하지 아니하는 것을 말한다. 행정행위의 무효는 행정행위로서의 외관을 갖추고 있는 행위이기 때문에 외관조차 갖추지 못한 부존재와 다르며, 취소원인인 하자가 있지만 권한 있는 기관에 의하여 취소되지 않는 한 그대로 효력을 발생하는 행정행위의 취소와 구별된다. 또한 행정행위의 성립 후 일정한 사실이 발생함으로써 당해 행정행위가 장래에 향하여 그 효력을 당연히 상실하게 되는 행정행위의 실효 등과 구별된다.

Ⅲ. 행정행위의 취소

행정행위의 취소란 일응 유효하게 성립한 행정행위에 대하여 그 성립에 무효원인 이외에 단순한 하자가 있음을 이유로 권한있는 기관(행정청·법원)이 처음부터 소급하여 그 효력을 소멸시키는 별개의 독립된 행정행위를 말한다.

행정행위의 취소는 좁은 의미로는 행정청이 그 효력을 소멸시키는 행정행위, 즉 직권취소를 의미하며, 직권취소 이외에 이해관계인의 쟁송제기에 의해 심판기관(재결청·법원)이 행하는 취소, 즉 쟁송취소까지 포함할 때 이를 광의의 취소라 할 수 있다.

Ⅳ. 행정행위의 무효와 취소의 구별실익

효력	① 무효인 행정행위의 경우는 행정행위의 효력이 처음부터 발생하지 않으며, 공정력이 인정되지 않고, 행정행위가 전환되지 않는 한 쟁송제기간의 제한을 받지 않는다. ② 취소할 수 있는 행정행위의 경우는 행정행위가 취소될 때까지는 효력이 인정되며(공정력), 쟁송제기기간의 제한을 받는다.
선결문제	① 무효인 행정행위의 경우는 처음부터 당연히 효력이 발생하지 않기 때문에 누구도 그에 구속되지 않으므로 선결문제로 다툴 수 있다. ② 취소할 수 있는 경우는 행정행위의 위법성을 확인하는 것으로 충분한 경우에 한하여 민 · 형사법원의 선결문제로 다툴 수 있으나, 행정행위의 효력을 부인하는 경우는 선결문제로 다툴 수 없다(다수설 · 판례).
행정쟁송의 방식	① 당연무효인 행정행위는 무효등확인쟁송에 의한다. ② 취소할 있는 행정행위의 경우는 항고쟁송(취소쟁송)에 의한다.
행정쟁송의 제기요건	① 무효인 행정행위에서는 제소기간의 적용이 없으나, ② 취소할 수 있는 행정행위는 제소기간 적용됨
사정재결과 사정판결	사정재결과 사정판결은 취소할 수 있는 행정행위에 대해서만 인정(통설)
하자의 승계	① 독립하여 별개의 효과를 발생하는 경우에 있어서 흠의 승계는 선행정행위의 흠이 처음부터 당연무효인 경우에 있어서만 인정된다(통설 · 판례). ② 결합하여 하나의 효과를 완성하는 경우에 있어서 흠의 승계는 선행정행위의 흠이 취소사유가 있는 경우도 인정된다.
하자의 전환(무효)	전환의 요건: ① 무효인 행정행위의 존재, ② 두 행정행위가 요건 · 목적 · 효과에 있어서 실질적 공통성이 있어야 함, ③ 전환되는 행위로서의 성립 · 발효요건을 갖추고 있어야 함, ④ 하자있는 행정행위를 한 행정청의 의도에 반하는 것이 아니어야 함, ⑤ 당사자에게 원처분보다 새로운 불이익을 가하는 것이 아니어야 함, ⑥ 제3자의 이익을 침해하는 것이 아니어야 함

하자의 치유 (취소)	치유의 사유는 행정행위의 요건이 사후에 충족되거나 흠결된 사항이 사후에 보완된 경우이다. 요건이 사후에 보완되는 경우의 예로: ① 입후보등록요건을 사후에 충족하는 것, ② 무권대리행위의 사후의 추인, ③ 불특정목적물의 사후에 특정, ④ 요식행위의 형식을 사후에 보완하는 경우, ⑤ 다른 기관의 협력(의결 · 승인 · 협의 등) 또는 상대방의 필요적 협력(신청 · 동의 등)이 결여된 경우의 추인, ⑥ 필요적 사전절차의 사후이행(행정심판전치 · 상대방에 대한 청문절차의 사후이행), ⑦ 필요한 신청서의 사후제출 · 보완 등

Ⅴ. 하자의 승계

의의	일정한 행정목적을 위하여 두 개 이상의 행정행위가 단계적으로 연속하여 행해지는 경우에, 후행행위 자체에는 하자가 없더라도 선행행위에 하자가 있으면, 그 선행행위의 하자를 이유로 후행행위의 위법을 주장할 수 있는 바, 이를 하자의 승계
인정한 예	① 개별공시지가와 양도소득세부과처분 ② 귀속재산의 임대처분과 후행매각처분 ③ 무효인 조례와 그에 근거한 지방세부과처분 ④ 안경사국가시험합격무효처분과 안경사면허처분 ⑤ 암매장분묘개장명령과 후행계고처분 ⑥ 조세체납처분에 있어서 독촉 · 압류 · 매각의 각 행위 ⑦ 환지예정지 지정처분과 공작물이전명령 ⑧ 행정대집행에 있어서의 계고 · 통지 · 실행 · 비용징수 ⑨ 한지의사시험자격인정과 한지의사면허처분 ⑩ 기준지가고시처분과 토지수용처분 ⑪ 독촉과 가산금/중가산금징수처분

부정한 예	① 감사원의 시정요건 결정과 그에 따른 행정처분취소 ② 과세처분과 체납처분, 과세처분과 공매처분 ③ 도시계획결정과 수용재결처분 ④ 법규위반과 그에 의거한 허가취소 ⑤ 변상판정과 변상명령 ⑥ 액화석유가스 판매사업허가처분과 사업개시신고 반려처분 ⑦ 위법한 건물의 철거명령과 대집행의 계고처분 ⑧ 지방의회에서의 의안의 의결과 지방세부과 ⑨ 공무원의 직위해제처분과 면직처분 ⑩ 하명처분과 계고 ⑪ 보충역 편입처분과 공익근무요원 모집처분 ⑫ 건물철거명령과 대집행계고처분 ⑬ 표준지의 공시지가결정과 그에 기한 과세처분 ⑭ 수강거부처분과 수료처분 ⑮ 토지수용의 사업인정과 수용재결 ⑯ 기타 소득세부과와 독촉, 옥외광고물설치허가기간연장거부처분과 그 광고물철거계고처분, 택지개발예정지구의지급과 택지개발계획 등

Ⅵ. 행정행위의 철회(폐지)

1. 의의

행정행위의 철회라 함은 아무런 하자없이 유효하게 성립된 행정행위의 효력을 그 성립 후 발생된 새로운 사정에 의하여 더 존속시킬 수 없게 된 경우에 장래에 향하여 그 효력을 소멸시키는 독립된 행정행위를 말한다. 철회의 개념은 실정법상(도로법 제74조·제75조, 하천법 제67조, 식품위생법 제58조 등)으로는 취소로 표현하는 경우가 대부분이며, 폐지라고도 한다.

2. 취소와의 구별

철회는 그것을 행할 수 있는 기관·효과·원인 등에서 취소와 차이가 있다고 보는 것이 통설적 견해이다. 즉 철회는 ① 처분청만이 할 수 있는 점, ② 장래에 향해서만 효과를 발생하는 점, ③ 철회원인이 사후에 발생한 새로운 사정에 기인하는 점 등에서 취소와 구별된다고 보는 것이 종래의 통설이다. 그러나 취소를 협의의 직권취소로 보는 경우에는 ①의 경우에 감독청은 법규에 있어 특별한 규정이 없는 한 취소권이 없다는 견해가 있고, ②의 경우에 직권취소의 효력의 소급성 여부도 구체적 사정에 따라 다르게 되므로 결정적 구별의 기준이 못되며, ③의 경우에 취소원인의 원시성·철회원인의 후발성 등은 행정실무에 있어 그다지 중요성을 띠지 않는 점 등에서 양자의 구별은 상대적이며, 그 유사성이 강조되는 경향에 있다.

※ 취소와 철회의 구별

구분		취소	철회
의의		취소는 유효하게 성립한 행정행위의 효력을 그 성립상의 하자를 이유로 원칙적으로 소급하여 소멸시키는 행정행위이다.	철회는 아무런 하자 없이 유효하게 성립한 행정행위의 효력을 그 성립 후에 발생한 새로운 사정으로 인하여 장래에 향하여 소멸시키는 행정행위
공통점		취소와 철회의 공통점으로는 ① 실정법상 용어가 혼용됨 유효한 행정행위의 효력을 상실시키는 독립적 행정행위이고, ② 행정법상 일반원리의 제한을 받으며, ③ 취소의 취소, 철회의 취소는 모두 인정된다.	
차이점	사유	행정행위 성립 당시의 하자로서 무효원인이 아닌 흠(경미한 하자)	행정행위의 효력을 더 이상 존속시킬 수 없는 새로운 사정의 발생
	권한자	처분청, 감독청(학설 대립), 법원	처분청(감독청은 제외됨)
	효과	원칙적으로 소급하여 상실시킨다.	장래에 향하여서 효력을 상실시킨다.

Ⅶ. 행정행위의 실효

행정행위의 실효란 아무런 하자(흠)없이 성립·발효한 행정행위의 효력이 행정청의 의사와 관계없이 일정한 사실의 발생에 의하여 당연히 그 효력이 소멸되는 것을 말한다. 즉, 실효는 ① 일단 적법하게 발생된 효력이 실효사유에 의하여 소멸되고, ② 하자와는 전혀 관계가 없으며, ③ 실효사유가 발생한 때로부터 장래에 향하여 효력이 소멸된다.

제3장 그 밖의 행정의 주요 행위형식

제1절 행정법상의 확약

확약이란 행정청이 국민에 대한 관계에 있어 자기구속을 할 의도로써 장래에 향하여 일정한 작위 또는 부작위를 약속하는 의사표시라 할 수 있다. 각종의 인·허가에 있어서의 내인가·내허가, 공무원임용의 내정, 양도소득세 등을 자진신고자에 대한 세율인하의 약속, 무허가 건물의 자진철거자에게 아파트 입주권을 주겠다는 약속을 하는 경우 등은 확약의 성질을 가졌다고 볼 수 있는 예이다.

제2절 행정계획

일반적으로 행정계획은 행정주체가 장래에 도달하고자 하는 목표를 설정하고, 그 목표를 위하여 상호관련되는 행정수단의 종합·조정을 통하여 실현하기 위한 구상 또는 활동기준의 설정이라고 정의할 수 있다. 따라서 행정계획에는 이를 설정하는 과정으로서의 계획행정(planing)과 그 결과로서 행정계획(plan)이 포함되며, 행정계획의 개념적 징표로서는 행정계획의 ① 목표설정의 기능, ② 행정수단의 종합화의 기능, ③ 행정과 국민과의 매개적 기능을 드는 것이 일반적이다.

제3절 공법상 계약(행정계약, 정부계약)

공법상 계약이란 행정주체 상호간, 또는 행정주체와 사인간에 공법적 효과의 발생을 내용으로 하는 계약을 말한다. 여기서의 행정주체에는 공권력주체로서의 국가·공공단체 및 공무수탁사인이 포함된다. 따라서 순수한 사인간에 공법적 효과의 발생을 목적으로 하는 계약을 체결하더라도 이것이 공법계약이 될 수는 없다.

공법상 계약은 사법상 계약과 같이 실정법에 규정되어 있는 것이 아니라, 일정한 유형에 해당하는 공법행위의 성질에 착안하여 인정된 관념이며, 공법과 사법의 이원적 구분과 절차법상의 행정재판제도를 가진 '유럽'대륙적 행정국가 특히 독일에서 형성된 것이다. 이러한 공법상 계약은 프랑스의 행정계약과 다르고, 사법적 바탕위에서 형성된 영·미의 정부계약과도 다르다.

제4절 행정법상의 사실행위

행정상의 사실행위란 행정행위 기타의 법률적 행위와는 달리, 일정한 법률적 효과의 발생을 의도하는 것이 아니라, 직접적으로 일정한 사실상의 결과의 발생만을 목적으로 하는 행정주체의 일체의 행위를 말한다.

행정상의 사실행위는 ① 사실상의 효과발생만을 목적으로 하는 행위인 점에서 특정한 법적 효과의 발생을 목적으로 하는 행정행위, 기타의 법적 행위와 구별되며, ② 법적효과의 발생을 직접 목적으로 하지 않을 뿐, 법적 효과를 간접적으로 발생케 하는 경우는 많이 있다. 예컨대 행정지도와 같은 사실행위를 잘못함으로 인하여 상대방에게 손해를 끼친 경우에는 손해배상의무와 같은 법적효과를 발생시킴으로써 행정구제와 관련하여 매우 중요한 의의를 가진다.

제5절 행정지도

행정지도는 학자에 따라 약간의 차이가 있으나 대체로 "행정주체가 일정한 행정목적의 실현을 위하여, 특정한 개인 또는 법인이나 기타 관계자의 행동을 유도하여 그 의도하는 바를 실현하기 위하여 행하는 비권력적 사실행위"라고 정의되고 있다.[55]

---

55) 행정절차법(제2조 제3호)도 행정지도를 "행정기관이 그 소관사무의 범위 안에서 일정한 행정목적을 실현하기 위하여 특정인에게 일정한 행위를 하거나 하지 아니하도록 지도·권고·조언 등을 하는 행정작용"이라고 정의하고 있다.

제6절 비공식적 행정작용

비공식적 행정작용은 법적성질, 법적요건, 법적효과 등이 일반적으로 법에 의해 정해지지 않으며, 법적 구속력을 발생하지 않는 일체의 행정작용이라 하여, 행정행위와 공법계약 등과 같은 전통적인 정형적 행정행위에 대비시키고 있다. 여기에는 ① 행정주체와 사인간의 협력관계의 수단으로 상호접촉, 사전협의, 사전조정, 비구속적 합의, 의사소통, ② 행정기관이 일방적으로 행하는 경고, 권고, 교시, 정보제공, ③ 규범대체적 협상 등이 포함된다.

확약	행정청이 국민에 대한 관계에 있어 자기구속을 할 의도로써 장래에 향하여 일정한 작위 또는 부작위를 약속하는 의사표시
행정계획	행정주체가 장래에 도달하고자 하는 목표를 설정하고, 그 목표를 위하여 상호 관련되는 행정수단의 종합 · 조정을 통하여 실현하기 위한 구상 또는 활동기준의 설정
공법상 계약	행정주체 상호간, 또는 행정주체와 사인간에 공법적 효과의 발생을 내용으로 하는 계약
행정상의 사실행위	일정한 법률적 효과의 발생을 의도하는 것이 아니라, 직접적으로 일정한 사실상의 결과의 발생만을 목적으로 하는 행정주체의 일체의 행위
행정지도	행정주체가 일정한 행정목적의 실현을 위하여, 특정한 개인 또는 법인이나 기타 관계자의 행동을 유도하여 그 의도하는 바를 실현하기 위하여 행하는 비권력적 사실행위
비공식적 행정작용	법적성질, 법적요건, 법적효과 등이 일반적으로 법에 의해 정해지지 않으며, 법적 구속력을 발생하지 않는 일체의 행정작용

제4장 행정절차

행정절차는 각국의 역사적·사회적·정치적 배경의 차이에 따라 그 발달과정이나 모습 등을 달리하는데, 크게 독일·오스트리아 등의 대륙법계의 경우와 영미의 경우로 나누어 볼 수 있다. 대륙법계의 경우에는 원래는 행정운영의 통일과 능률화의 요청에 의한 것인데 반하여, 영미의 경우는 일찍부터 적법절차와 관련하여 행정절차의 발달을 보았으며, 사전에 국민의 권익을 절차적으로 보장하는데 중점이 있었다.

그러나 오늘날에는 실체법적 규율규칙에 입각하고 있던 대륙법계국가에 있어서도 전문적·기술적 행정영역에 대한 재량통제의 필요성에 따라 행정절차에 관한 중요한 입법조치가 있었고, 또한 행정결정권자의 공익대표성에 대한 회의 등으로 인하여 행정과정에의 주민참여기회의 확대와 참가의 실질화 등 다양한 형태의 행정절차제도가 모색되고 있다.

필요성	행정의 민주화	
	행정작용의 적정화	
	행정의 능률화	
	사법기능의 보완	
영 · 미	영국	보통법의 기본원리를 이루고 있는 자연적 정의에 의하여 규율되고 있다. 이러한 자연적 정의는 모든 국가권력의 적정한 행사의 필수적 기본원칙으로써, "누구든지 자기가 관계되는 사건에서 재판관이 될 수 없다"고 하는 편견배제의 원칙과 "누구든지 청문 없이는 불이익을 받아서는 안된다" 또는 "쌍방이 청문되어야 한다"는 쌍방청문의 원칙이라는 두 가지 원칙으로 구성되어 있다.
	미국	미국수정헌법 제5조는 「누구도 법의 적정한 절차(due process of law)에 의하지 아니하고는 생명 · 자유 또는 재산을 박탈당하지 아니한다」고 규정하고 있는데, 이와 같은 헌법정신을 행정과정에 도입하기 위하여 1946년에 제정된 것이 연방의 행정절차법이다
우리나라	원칙	공정성의 원칙
		신의성실
		신뢰보호
		투명성의 원칙
	내용	행정절차법 : 제1장 총칙, 제2장 처분, 제3장 신고, 제4장 행정상 입법예고, 제5장 행정예고, 제6장 행정지도, 제7장 보칙의 전문 57개조와 부칙으로 구성

제3편

행정의 실효성확보수단

제1장 개설

전통적으로 행정의 실효성확보수단으로는 행정강제(강제집행·즉시강제)와 행정벌(행정형벌·질서벌)이 있다. 행정강제는 행정목적을 실현하기 위하여 사람의 신체 또는 재산에 실력을 가하여 행정상 필요한 상태를 실현하는 행정권의 사실상의 작용이다. 행정벌은 과거의 의무위반에 대하여 일정한 제재를 과함으로써 의무이행을 촉진시키는 수단으로서의 의미를 가진다. 최근에는 법령상 과징금·가산금이나 수도·전기의 공급을 거부하는 수단이 새로운 의무이행확보수단으로 행해지고 있다. 또한 법령상의 구체적 근거는 없으나 행정법상의 의무위반자 명단의 공표도 그 의무이행확보를 위한 목적으로 행하여지는 경우가 적지 않다.[56)]

56) 현행법상의 행정강제수단으로서 행정법상의 의무이행을 강제하기 어려운 경우에 민사상의 강제집행수단을 활용하는 점에 대해서도 긍정적인 측면에서 검토되고 있다(서원우, 행정의무의 민사적 강제, 고시연구, 1979. 9 ; 이명구, 행정상의무의 사법적 강제, 고시연구, 1980. 1. 등). 이러한 민사적 강제집행수단의 활용이 논의되는 이유는 전통적 행정강제이론에서는 그것이 의무이행을 위한 수단이면서도 강제에 비중을 둔 논의였으나 최근에는 오히려 의무이행을 담보하기 위한 수단이라는 점에 비중을 두고 있다(석종현, 일반행정법(상), 482면).

제2장 행정강제

제1절 개설

1. 행정강제의 의의

행정강제라 함은 행정주체가 행한 행정행위의 내용으로서 행정목적의 실현을 확보하기 위하여 행정객체의 신체 또는 재산에 실력을 가하여 행정상 필요한 상태를 실현하는 행정권의 사실상의 작용을 말한다.

※ 행정강제와 타 작용과의 구별

행정행위와 구별	행정강제는 권력적 실력행사행위라는 점에서 사실행위에 해당하며, 따라서 법적 행위인 행정행위와 구별된다.
행정벌과 구별	행정강제는 앞으로 의무를 이행시키거나 이행이 있는 것과 같은 상태로 만들기 위한 강제수단인데 반하여, 행정벌은 과거의 위법행위에 대한 제재로서의 형벌 또는 질서벌의 부과라는 점에서 직접목적과 수단상의 차이가 있다.
비권력적 작용과 구별	행정강제는 우월한 의사의 주체로서 개인의 신체와 재산에 실력을 가하는 권력적 작용이라는 점에서 비권력적 작용과 구별된다.
강제집행과 구별	행정강제는 신속·확실을 기하고 행정청의 재량에 맡기는 것이 합리적이라는 이유로 사법상 의무의 강제집행과는 달리 행정청이 자력으로써 강제함을 특징으로 한다.

2. 행정강제의 종류

우리나라의 행정강제법제는 프로이센系의 독일법제에 가깝다. 프로이센系의 독일법제에서는 행정강제를 행정상의 강제집행과 행정상의 즉시강제로 나누는 것이 보통이다.[57] 행정상 강제집행은 의무의 존재 및 그 불이행을 전제로 하는데, 행정상의 즉시강제는 선행하는 의무자체가 존재하지 아니하며, 따라서 그 불이행을 전제로 하지 않는다.

의의	행정주체가 행정목적의 실현을 확보하기 위하여 행정객체의 신체 또는 재산에 실력을 가하여 행정상 필요한 상태를 실현하는 사실상의 작용	
종류	행정상 강제집행	행정법상의 의무의 불이행에 대하여 행정기관이 의무자의 신체 또는 재산에 실력을 가함으로써 장래에 향하여 그 의무를 이행시키거나 또는 이행이 있었던 것과 동일한 상태를 실현하는 행정작용이다. 행정상 강제집행의 수단으로는 대집행, 이행강제금, 직접강제 및 행정상 강제징수가 있다.
	행정상 즉시강제	목전에 급박한 행정상의 장해를 제거해야 할 필요가 있는 경우에 미리 의무를 명할 시간적 여유가 없거나, 성질상 의무를 명해 가지고는 목적을 달성하기 어려울 때, 실력을 가하여 행정상 필요한 상태를 실현하는 작용이다. 행정상 즉시강제의 수단으로는 대인적 즉시강제, 대물적 즉시강제, 대가택적 즉시강제가 있다.

57) 석종현, 일반행정법(상), 486면.

제2절 행정상의 강제집행

Ⅰ. 의의

행정상 강제집행이란 행정법상의 의무의 불이행에 대하여 행정기관이 의무자의 신체 또는 재산에 실력을 가함으로써 장래에 향하여 그 의무를 이행시키거나 또는 이행이 있있던 것과 동일한 상태를 실현하는 행정작용을 말한다.

Ⅱ. 행정상의 강제집행의 수단

행정상의 강제집행의 수단으로는 대집행·집행벌(이행강제금)·직접강제 및 행정상의 강제징수 등이 있으나, 우리나라에서는 대집행과 행정상의 강제징수만이 일반적 수단으로 되어 있고, 집행벌이나 직접강제는 개별법에 근거가 있는 경우에만 예외적으로 허용된다.

대집행	대체적 작위의무에 대한 강제수단으로서 의무자가 대체적 작위의무를 이행하지 않은 경우에 당해 행정청이 그 의무를 스스로 행하거나 또는 제3자로 하여금 이를 행하게 함으로써 의무의 이행이 있었던 것과 동일한 상태를 실현시킨 후 그 비용을 의무자로부터 징수한다.
집행벌 (이행강제금)	부작위의무 또는 비대체적작위의무를 이행하지 않는 경우에 그 의무를 강제로 이행시키기 위하여 부과하는 금전부담이다.
직접강제	행정법상의 의무위반 또는 불이행이 있는 경우에, 직접적으로 의무자의 신체 또는 재산에 실력을 가하여 의무의 이행이 있었던 것과 동일한 상태를 실현하는 작용이다.
행정상 강제징수	국민이 국가 등 행정주체에 대한 행정법상의 금전급부의무를 이행하지 않는 경우에 행정청이 의무자의 재산에 실력을 가하여 의무의 이행이 있었던 것과 같은 상태를 실현하는 행정상의 강제집행이다.

1. 대집행

<table>
<tr><td>의의</td><td colspan="2">대체적 작위의무에 대한 강제수단으로서 당해 행정청이 그 의무를 스스로 행하거나 또는 제3자로 하여금 이를 행하게 하는 것</td></tr>
<tr><td>주체</td><td colspan="2">당해 행정청</td></tr>
<tr><td rowspan="2">요건</td><td colspan="2">① 대체적 작위의무의 불이행이 있을 것</td></tr>
<tr><td colspan="2">② 다른 수단으로 그 이행의 확보가 곤란할 것</td></tr>
<tr><td rowspan="4">절차</td><td>계고</td><td>행정청은 상당한 이행기간을 정하여 그 기한까지 이행하지 아니할 때에는 대집행을 한다는 뜻을 문서로써 계고하여야 한다.</td></tr>
<tr><td>영장 통지</td><td>의무자가 계고를 받고도 지정기한까지 그 의무를 이행하지 아니하는 경우에는 당해 행정청은 대집행영장으로써 대집행의 시기, 집행책임자의 성명과 대집행에 요하는 비용의 견적액을 의무자에게 통지하여야 한다.</td></tr>
<tr><td>대집행의 실행</td><td>의무가 이행된 것과 같은 상태를 실현하기 위하여 물리적으로 행하는 실력행사</td></tr>
<tr><td>비용징수</td><td>대집행에 소요된 모든 비용은 당해 행정청이 의무자로부터 징수한다.</td></tr>
</table>

구제	실행완료 전	행정심판을 통하여 위법 또는 부당한 대집행의 정지를 구할 수 있음(계고나 통지는 행정쟁송의 대상이 될 수 있다: 통설 · 판례)
	실행완료 후	대집행의 위법을 이유로 손해배상청구 또는 대집행비용청구의 취소(단, 대집행의 취소로 회복될 법률상 이익이 있는 경우에는 행정쟁송 제기가능)

2. 이행강제금(집행벌)

이행강제금이란 부작위의무 또는 비대체적작위의무를 이행하지 않는 경우에 그 의무를 강제로 이행시키기 위하여 부과하는 금전부담이다. 이행강제금은 일정한 기간 내에 의무를 이행하지 않을 때에는 일정한 과태료(과료)를 과한다는 뜻을 미리 계고하여 그에 따른 심리적 압박을 주어 장래에 그 의무를 이행하게 하려는 간접적인 강제집행수단의 일종이다. 이러한 점에서 집행벌은 과거의 의무위반에 대한 제재로서 과하는 행정벌과는 다르다. 또한 집행벌은 행정벌과 그 성질·목적을 달리하므로 병과될 수 있으며, 의무가 이행될 때까지 계속적으로 부과하는 것도 가능하나, 행정벌은 과거에 대한 일회적 제재에 그친다.

3. 직접강제

직접강제란 행정법상의 의무위반 또는 불이행이 있는 경우에, 직접적으로 의무자의 신체 또는 재산에 실력을 가하여 의무의 이행이 있었던 것과 동일한 상태를 실현하는 작용을 말한다. 예컨대 식품의약품안전청장, 시·도지사, 시장·군수 또는 구청장이 무허가 또는 허가가 취소되거나 영업소의 폐쇄명령을 받은 후에 계속하여 영업을 하는 경우에 있어서 영업소의 폐쇄

조치를 하는 경우(식품위생법 제79조) 등이다. 이러한 직접강제는 작위의무(대체적·비대체적 작위의무)·부작위의무 및 수인의무 등 모든 의무의 불이행에 대하여 활용될 수 있다.

4. 행정상의 강제징수

행정상 강제징수란 국민이 국가 등 행정주체에 대한 행정법상의 금전급부의무를 이행하지 않는 경우에 행정청이 의무자의 재산에 실력을 가하여 의무의 이행이 있었던 것과 같은 상태를 실현하는 행정상의 강제집행을 말한다.

<table>
<tr><td>의의</td><td colspan="3">국민이 국가 등 행정주체에 대한 행정법상의 금전급부의무를 이행하지 않는 경우에 행정청이 의무자의 재산에 실력을 가하여 의무의 이행이 있었던 것과 같은 상태를 실현하는 행정상의 강제집행</td></tr>
<tr><td>근거</td><td colspan="3">국세징수법</td></tr>
<tr><td rowspan="5">절차</td><td colspan="3">독촉→체납처분(재산압류→압류재산의 매각→청산(충당)</td></tr>
<tr><td>① 독촉</td><td colspan="2">국세를 그 납부기한까지 완납하지 아니한 때에는 세무서장 · 시장 또는 군수는 납기경과 후 15일 이내에 독촉장을 발부하여야 한다.</td></tr>
<tr><td rowspan="3">② 체납처분</td><td>① 재산압류</td><td>체납자가 독촉을 받고도 기한까지 이행하지 아니한 때에는 재산을 압류한다.</td></tr>
<tr><td>② 압류재산의 매각</td><td>압류재산을 금전으로 환가하는 것</td></tr>
<tr><td>③ 청산(충당)</td><td>세무서장은 ① 압류한 금전, ② 채권 · 유가증권 · 무체재산권 등의 압류로 인하여 체납자 또는 제3채무자로부터 받은 금전, ③ 압류재산의 매각대금, ④ 교부청구에 의하여 받은 금전을 국세 · 가산금과 체납처분비 기타의 채권에 배분한다.</td></tr>
</table>

제3절 행정상의 즉시강제

<table>
<tr><td>의의</td><td colspan="3">목전에 급박한 행정상의 장해를 제거할 필요가 있는 경우에 미리 의무를 명할 시간적 여유가 없을 때 또는 성질상 의무를 명하여 가지고는 그 목적을 달성하기 곤란한 때에 즉시 국민의 신체 또는 재산에 실력을 가하여 행정상의 필요한 상태를 실현하는 작용</td></tr>
<tr><td>영장</td><td colspan="3">기본적으로 영장필요(예외적으로 사후영장)</td></tr>
<tr><td rowspan="5">수단</td><td rowspan="2">대인적 강제</td><td>경찰관직무집행법</td><td>불심검문, 구호를 요하는 자의 보호조치, 경고 · 억류 · 피난 등의 위험발생방지조치, 범죄의 예방 및 제지조치, 경찰장비의 사용 및 무기사용 등</td></tr>
<tr><td>개별법</td><td>전염병예방법상의 강제격리, 강제건강진단, 교통차단, 마약법상의 강제수용, 출입국관리법상 무기사용 · 보호 · 강제퇴거 등</td></tr>
<tr><td rowspan="2">대물적 강제</td><td>경찰관직무집행법</td><td>무기 등 물건의 임시영치, 위험발생방지조치</td></tr>
<tr><td>개별법</td><td>물건의 폐기, 물건의 영치, 물건의 파괴, 교통장애물의 제거 및 소방대상물의 파괴 등</td></tr>
<tr><td>대가택적 강제</td><td colspan="2">경찰관직무집행법상의 위험방지를 위한 가택출입, 개별법상의 임검 · 검사 및 수색(조세범처벌법, 총포 · 도검 · 화약류단속법, 농산물검사법 등) 등</td></tr>
</table>

제4절 행정조사

행정조사란 행정기관이 정책을 결정하거나 직무를 수행하는 데 필요한 정보나 자료를 수집하기 위하여 현장조사·문서열람·시료채취 등을 하거나 조사대상자에게 보고요구·자료제출요구 및 출석·진술요구를 행하는 활동을 말한다.[58)]

<table>
<tr><td>의의</td><td colspan="2">행정기관이 일정한 행정목적을 달성하기 위하여 필요한 자료 · 정보 등을 수집하는 행정활동</td></tr>
<tr><td rowspan="7">종류</td><td rowspan="2">① 수단에 의한 분류</td><td>권력적 행정조사</td></tr>
<tr><td>비권력적 행정조사</td></tr>
<tr><td rowspan="3">② 대상에 의한 분류</td><td>대인적 조사</td></tr>
<tr><td>대물적 조사</td></tr>
<tr><td>대가택적 조사</td></tr>
<tr><td rowspan="2">③ 방법에 의한 분류</td><td>직접조사</td></tr>
<tr><td>간접조사</td></tr>
</table>

58) 행정조사 기본법 제2조

제3장 행정벌

<table>
<tr><td>의의</td><td colspan="3">일반적으로 행정법상의 의무위반에 대하여 일반통치권에 근거하여 일반사인에게 제재로서 과하는 처벌(죄형법정주의 적용)</td></tr>
<tr><td rowspan="3">종류</td><td>① 행정형벌</td><td colspan="2">형법상의 형벌(사형 · 징역 · 금고 · 자격상실 · 자격정지 · 벌금 · 구류 · 과료 · 몰수)이 과해짐. 고의가 책임요건</td></tr>
<tr><td>② 행정질서벌</td><td colspan="2">과태료 부과(고의 · 과실 불문)</td></tr>
<tr><td>③ 조례에 의한 과태료</td><td colspan="2">지방자치법의 규정에 의거하여 조례로써 정하는 과태료</td></tr>
<tr><td rowspan="3">과벌 절차</td><td>원칙</td><td colspan="2">형사소송법의 절차에 의하여 과함이 원칙</td></tr>
<tr><td rowspan="2">예외(특별절차)</td><td>통고처분</td><td>정식재판에 갈음하여 절차의 간이 · 신속을 주안으로 하여 행정청이 일정한 벌금 또는 과료에 상당하는 금액의 납부를 명하는 준사법적 행정행위</td></tr>
<tr><td>즉결심판 절차</td><td>20만원 이하의 벌금 · 구류 또는 과료의 행정벌(고지를 받은 날로부터 7일 이내에 정식재판 청구가능)</td></tr>
</table>

제4장 행정법상의 새로운 의무이행확보수단

금전상의 제재	과징금	주로 경제법상 의무에 위반한 자가 당해 위반행위로 경제적 이익을 얻을 것이 예정되어 있는 경우에 당해 의무위반행위로 인한 불법적인 이익을 박탈하기 위하여 그 이익액에 따라 과하여지는 일종의 행정제재금
	가산세	세법상의 의무위반에 대한 경제적 불이익으로서 본래의 조세채무와는 별개로 과하여지는 조세
	가산금	행정법상의 급부의무 또는 작위의무를 이행하지 아니할 경우, 그 의무불이행에 대한 제재로서 과하는 금전부담
	부과금	인·허가를 받은 자가 당해 근거법률상의 의무위반을 한 때에 단속상 그 인·허가사업 등을 정지하여야 할 경우에 그 사업은 계속하게 하면서 그에 따라 생긴 이익을 박탈하기 위하여 부과하는 행정제재금
공급거부	행정법상 의무를 위반하거나 불이행한 자에 대하여 일정한 행정상의 서비스나 재화의 공급을 거부하는 행정조치	
관허사업의 제한	세무서장은 납세자가 대통령령이 정하는 사유없이 국세를 체납한 때에는 허가·인가·면허 및 등록과 그 경신을 요하는 사업의 주무관서에 당해 납세자에 대하여 그 허가 등을 하지 아니할 것을 요구할 수 있다(국세징수법 제7조 제1항).	
명단공표	행정법상 의무위반자에 대하여 행정청이 위반자의 성명·위반사실 등을 일반인에게 공개함으로써 그 위반자의 명예·신용의 침해를 위협하여 행정법상의 의무이행을 간접적으로 강제하는 수단(국세기본법은 고액체납자의 명단공표 규정)	
차량등의 사용금지	행정법규의 위반에 사용된 차량 등의 운반수단의 사용을 금지하여 의무이행을 간접적으로 강제하는 방법	
기타의 수단	수익적 행정행위의 철회·정지, 취업의 제한, 세무조사, 해외여행의 제한 등	

제4편
행정구제법

제1장 개설

Ⅰ. 행정구제의 의의

행정구제라 함은 위법·부당한 행정작용으로 자기의 권리·이익을 침해당하였거나 침해될 것으로 주장하는 자가 행정주체를 상대로 하여 행정기관이나 법원에 구제를 청구할 수 있는 제도를 말한다.

Ⅱ. 행정구제의 종류

행정구제는 내용적으로 사후구제제도와 사전구제제도로 나눌 수 있다.

사전구제란 위법·부당한 행정작용 등으로 인하여 권익침해가 발생하기 전에 이를 예방하는 제도적 장치를 말한다. 행정절차가 사전적 구제절차로서의 성격만 가진 것은 아니지만 사전구제의 주된 수단이라 할 수 있다. 헌법이 인정하는 청원(제26조[1])도 사전·사후구제제도로서 기능을 가진다. 외국의 '옴부즈만'제도나 우리나라의 민원처리제도 역시 사전구제적 제도로서 의미를 가지고 있다. 현재 우리나라에서는 대통령비서실·국무총리비서실·감

1) 제26조 ① 모든 국민은 법률이 정하는 바에 의하여 국가기관에 문서로 청원할 권리를 가진다. ② 국가는 청원에 대하여 심사할 의무를 진다.

사원, 특히 국민고충처리위원회 등에서 옴부즈만의 기능을 부분적이나마 실질적으로 수행한다고 볼 수 있다.

사후구제란 행정작용 등으로 인하여 국민의 권리·이익이 이미 침해된 후에 당해 작용을 시정하거나 그로 인한 손해를 전보하여 주는 제도를 말한다. 사후구제제도가 행정구제의 중심을 이루며, 행정구제는 보통 사후구제제도를 의미한다. 사후구제제도는 행정기관의 행위의 효력을 다투는 행정쟁송제도(행정심판·행정소송)와 행정상 손해전보제도(손해배상·손실보상)가 있다.

1. 옴부즈만 제도

의의	공공기관(행정기관 · 검찰 · 법원 등)이 법령상의 책무를 적정하게 수행하고 있는지 여부를 국민을 대신하여 감시하기 위하여 의회에 의하여 그 대리인으로 선출된 자(스웨덴의 헌법에서 최초로 창설)
장점	① 타구제수단에 비해 시민의 접근용이, ② 신속하고 저렴한 비용
단점	① 행정의 책임성과 비밀성 침해의 우려, ② 행정이나 재판에 대한 직접적 시정권을 갖지 못하며, ③ 구제기능상 실효성이 없을 가능성

2. 청원

청원제도의 의의	국민이 국가의 공권력행사와 관련해서 여러 가지 이해관계 또는 국정에 관한 자신의 의견 · 불만 또는 희망을 개진하거나 시정을 요구하는 헌법상의 기본권
청원사항	① 피해의 구제, ② 공무원의 비위시정 또는 공무원에 대한 징계나 처벌 요구, ③ 법률 · 명령 · 규칙의 제정 · 개정 또는 폐지, ④ 공공의 제도 또는 시설의 운영, ⑤ 기타 공공기관의 권한에 속하는 사항 등
	※ 청원 불수리사항: ① 재판에 간섭하는 것, ② 국가 원수를 모독하는 것

제2장 행정상 손해배상

제1절 개설

행정상 손해배상이라 함은 국가 또는 지방자치단체 등 행정주체의 위법한 활동으로 인하여 사인에게 손해가 난 경우 이를 전보하여 주는 제도를 말한다. 우리나라의 경우 공무원의 직무상 불법행위나 공공의 영조물의 설치·관리의 하자로 인하여 국민에게 손해가 발생한 경우에 국가 등 행정주체가 그 손해를 배상하는 제도를 취하고 있다.

※ 행정상 손해배상과 손실보상

	행정상 손해배상	행정상 손실보상
의의	국가 또는 지방자치단체 등 행정주체의 위법한 활동으로 인하여 사인에게 손해가 발생한 경우 이를 전보하여 주는 제도	행정주체가 적법한 공권력의 행사로 인하여 가해진 사유재산에 대한 특별한 희생에 대하여 사유재산권의 보장과 공평부담의 견지에서 행하는 조절적인 재산적 전보
법적 근거	헌법 제29조, 국가배상법	헌법 제23조, 각 개별법

<table>
<tr><td rowspan="6">차이점</td><td>개인주의 사상에 입각한 개인적 · 도의적 과실책임주의</td><td>단체주의 사상에 입각한 사회적 · 공평부담주의</td></tr>
<tr><td>행위자의 도의적 책임</td><td>피해자의 특별한 희생</td></tr>
<tr><td>고의 · 과실로 인한 위법행위, 영조물의 설치 · 관리의 하자</td><td>공권력행사에 의한 특별한 희생</td></tr>
<tr><td>재산상의 손해와 정신상의 손해 등 비재산적 손해, 적극적 · 소극적 손해</td><td>재산상의 손실</td></tr>
<tr><td>위법한 행정작용에 대한 구제</td><td>적법한 행정작용에 대한 구제</td></tr>
<tr><td>생명 · 신체에 대한 손해배상은 양도나 압류금지</td><td>양도나 압류가능</td></tr>
</table>

제2절 공무원의 위법한 직무집행행위로 인한 손해배상

Ⅰ. 배상책임의 요건

<table>
<tr><td rowspan="3">공무원의 행위</td><td>① 여기서의 공무원은 국가공무원법 및 지방공무원법상의 공무원 뿐만 아니라 널리 공무를 위탁받아 그에 종사하는 모든 자를 포함</td></tr>
<tr><td>② 판례가 공무원으로 본 경우: 소집중인 향토예비군, 집달관(집행관), 미군부대의 카투사, 통장, 시청소차운전사, 공탁공무원, 소방원, 임시공무원 등</td></tr>
<tr><td>③ 판례가 공무원으로 보지 않은 경우: 의용소방대원, 시영버스운전사, 우체국에서 아르바이트 하는 자 등</td></tr>
<tr><td>공무를 위탁받은 사인</td><td>① 사인이 별정우체국의 지정을 받아 통신업무를 수행하는 경우, ② 사인이 일정한 공공사업의 주체로서 국가로부터 토지수용권을 부여받아 토지수용을 하는 경우 등이 있다.</td></tr>
</table>

직무를 집행함에 당하여	직무행위의 범위	다수설: 광의설(권력작용 및 관리작용)
	직무행위의 판단기준	객관적으로 직무행위의 외형을 갖추고 있느냐의 여부에 따라 판단(외형설 또는 외형표준설)
직무상 불법행위	고의 또는 과실	과실책임주의(원칙)–추상적 과실
	법령위반	법령뿐만 아니라 인권존중, 권리남용의 금지, 신의성실, 공서양속의 위반도 포함
타인에게 손해발생	국가 등이 배상책임을 지기 위해서는 공무원의 직무상 불법행위로 인하여 타인에게 손해가 발생하여야 함	

Ⅱ. 배상책임

공무원의 위법한 직무행위로 인한 손해의 배상책임자는 국가 또는 지방자치단체이다(제2조 1항).

다만, 공무원의 선임·감독과 공무원의 봉급·급여 기타의 비용을 부담하는 자가 동일하지 않을 때에는(예, 지방공무원에 의한 국가사무의 처리) 그 비용을 부담하는 자도 손해를 배상하여야 한다(제6조 1항). 따라서 피해자는 본래의 배상책임자와 비용을 부담하는 자 중에서 어느 하나에 대해 선택적으로 손해배상을 청구할 수 있다. 이 경우에 손해를 배상한 자는 내부관계에서 그 손해를 배상할 책임이 있는 자에게 구상할 수 있다(제6조 2항). 여기에서 '내부관계에서 손해를 배상할 책임이 있는 자'는 공무원의 선임·감독자를 의미한다는 것이 통설이다.

> **《판례》**
>
> 지방자치단체의 장이 국가의 위임사무(기관위임)를 잘못 처리한데 대한 배상의 책임은 위임자인 국가가 져야 할 것이다. 즉 사무의 귀속주체에 따라 그 사무가 국가사무로서 그것이 기관위임되어 지방자치단체의 장이 그 사무를 처리하였다면 국가가 그 공무원의 선임감독자로서 제2조에 의한 책임을 부담하여야 할 것이다(대판 1994. 1. 11, 92 다 29528).

제3절 영조물의 설치·관리의 흠(하자)로 인한 손해배상

<table>
<tr><td>근거</td><td colspan="3">도로 · 하천 기타 공공의 영조물의 설치 또는 관리에 하자가 있기 때문에 타인에게 손해를 발생하게 하였을 때에는 국가 또는 지방자치단체는 그 손해를 배상하여야 한다(국가배상법 제5조).</td></tr>
<tr><td rowspan="7">배상책임의 요건</td><td>공공의 영조물</td><td colspan="2">학문적 의미의 공물을 의미하며, 공물이란 행정주체가 공적 목적을 달성하기 위하여 제공한 유체물 및 관리할 수 있는 자연력을 의미</td></tr>
<tr><td rowspan="5">설치 또는 관리의 하자</td><td>의의</td><td>영조물이 통상 갖추어야 할 안전성을 결여한 것</td></tr>
<tr><td rowspan="3">하자의 판단기준</td><td>객관설(다수설)</td></tr>
<tr><td>주관설(의무위반설)</td></tr>
<tr><td>절충설</td></tr>
<tr><td>하자의 입증책임</td><td>원고</td></tr>
<tr><td>타인에게 손해발생</td><td colspan="2">하자로 인하여 타인에게 손해가 발생(손해발생 사이에는 상당인과관계가 있어야 함)</td></tr>
<tr><td>면책사유</td><td colspan="3">① 영조물이 통상 갖추어야 할 안전성을 구비하고 있음에도 불구하고 손해가 발생한 경우에는 불가항력으로서 국가 등은 책임을 지지 않는다. 단, ② 재정적 제약(예산부족)의 경우는 일반적으로 면책사유가 되지 아니 한다.</td></tr>
</table>

제3장 행정상 손실보상제도

Ⅰ. 행정상 손실보상의 근거 및 보상기준

<table>
<tr><td>의의</td><td colspan="2">행정주체가 적법한 공권력의 행사로 인하여 가해진 사유재산에 대한 특별한 희생에 대한 재산적 전보</td></tr>
<tr><td rowspan="4">헌법적 규정</td><td>방침규정설(입법지침설)</td><td>헌법규정은 입법자에 대한 입법의무를 제시한 방침규정에 불과함으로 입법이 있기전 까지는 국가의 손실보상의무를 부정하는 견해</td></tr>
<tr><td>위헌무효설(입법자에 대한 직접적 효력설)</td><td>재산권침해를 규정하면서 이에 대한 보상규정이 없다면 그 법률은 위헌으로서 무효이고, 그런 위헌법률에 근거한 재산권침해행위는 위법한 직무행위가 된다. 따라서 국가배상법에 의거한 행정상 손해배상청구만이 가능하다고 본다.</td></tr>
<tr><td>직접효력설(국민에 대한 직접 효력설)</td><td>헌법상의 보상규정은 국민에 대한 직접적 효력이 인정되므로 공용침해규정만 있고 보상규정이 없거나 또는 정당한 보상에 미치지 못하는 법률로서 재산권을 침해당한 경우 국민은 헌법규정에 근거하여 보상을 청구할 수 있다고 본다.</td></tr>
<tr><td>유추적용설(간접효력설)</td><td>공용침해에 따르는 보상규정이 없는 경우에는 헌법 제23조 제1항의 재산권보장조항과 제11조의 평등권조항을 직접적 근거로 하면서, 헌법 제23조 제3항 및 관계규정의 유추적용을 통하여 손실보상을 청구할 수 있다고 한다.</td></tr>
<tr><td>손실보상의 요건</td><td colspan="2">① 개인의 재산권이, ② 공공필요를 위하여, ③ 적법한 공권적 침해로 인하여, ④ 타인에게 특별한 희생이 발생하여야 함</td></tr>
</table>

손실보상의 기준	완전보상설	피침해재산이 가지는 완전한 가치를 보상하여야 한다는 견해
	상당보상설	보상이 행해질 당시의 사회통념에 비추어 사회정의의 관념에서 타당하다고 생각되는 보상이면 족하다는 견해
	현행법상의 보상기준	"…그에 관한 보상은 법률로써 하되 정당한 보상을 지급하여야 한다"(헌법 제23조 제3항)

Ⅱ. 사회적 제약과 특별한 희생의 구별기준

형식적 기준설	재산권에 대한 침해행위가 일반적인가 아니면 개별적인 것인가라는 형식적 기준에 의하여 구별	
실질적 기준설	보호가치설	재산권을 보호가치 있는 것과 없는 것으로 구분하여 전자에 대한 침해만이 특별한 희생
	수인한도설	재산권 주체가 수인 할 수 없을 정도로 재산권의 본질인 배타적 지배에 대한 침해인 경우 특별희생, 아니면 사회적 제약
	사적효용설	개인의 이익과 사적이용을 침해한 경우는 특별희생, 그렇지 않은 경우는 사회적 제약
	목적위배설 (기능설)	재산권에 가해지는 침해행위가 그 재산권의 본래의 기능 또는 목적에 위배되는 경우는 특별희생, 그렇지 않은 경우는 사회적 제약
	상황구속성설	같은 토지라 하더라도 그것이 놓여있는 상황에 따라 그에 상응하는 사회적 제약의 강약이 있다는 견해
	중대설	침해의 중대성과 범위를 기준으로 하여 사인이 수인 할 수 없는 제한에 대하여서만 보상이 주어져야 한다는 견해
절충설	특별한 희생이냐의 여부는 형식적 기준과 실질적 기준을 동시에 고려하여야 한다는 견해	

Ⅲ. 행정상 손실보상의 기준

금전보상	원칙적인 보상방법은 금전보상: 금전의 지급방법은 선불 · 일시불(전액불) · 개별불을 원칙, 예외적으로 후불 · 분할불 · 일괄불
현물보상	금전보상이 원칙(예외적 현물 보상)
채권보상	토지보상법은 금전보상을 원칙으로 하면서도 예외적으로 채권보상 인정
매수보상	토지의 일부가 수용됨으로써 잔여지가 종전의 목적에 이용되는 것이 현저히 곤란하거나, 토지를 장기적으로 사용함으로써 토지의 형질이 변경되거나 토지위에 존재하는 건물사용이 곤란한 경우에 물건을 매수함으로써 실질적으로 보상을 행하는 방법

제4장 기타의 구제수단

이상의 구제수단 이외에 ① 수용유사침해와 수용적 침해, ② 공법상 결과제거청구권, ③ 희생보상청구권 등이 있다.

1. 수용유사침해와 수용적 침해

수용유사침해		수용적 침해
의의	법률에 공용침해의 요건은 규정되어 있으나 보상에 관한 규정이 결여됨으로써 결과적으로 위법하다고 평가되는 침해	침해 행위가 시간이 흐름에 따라 뜻하지 않게 이형적 · 비의욕적인 부수적 결과로써 타인의 재산권에 대한 특별한 희생을 가져와 손실보상을 요하게 되는 경우
사례	공무원에 의한 강제증여(문화방송주식 15만주)사건에서 서울고등법원은 수용유사적 침해를 인정하여 손실보상청구권을 인정하였으나, 대법원은 이를 증어계약으로 인정하여 손실보상청구권을 부정 함	① 예기치 않게 도로공사기간이 장기화됨으로써 길가의 다방의 매상이 부진하게 되었다던가, ② 지하철공사가 장시간 계속됨으로써 인근상점이 영업을 하지 못하여 영업손실 등 영업상의 경제적 손실이 발생한 경우, ③ 도시계획으로 인하여 도로구역으로 고시되었으나 공사를 함이 없이 오랫동안 방치해 둠으로써 고시구역내의 가옥주 등이 커나란 재신상의 불이익을 입고 있는 경우 등

2. 공법상 결과제거청구권

공법상의 결과제거청구권이란 "위법한 행정작용의 결과로 야기된 사실상태로 말미암아 권익을 침해받았다고 주장하는 자가 행정주체에 대하여 그 위법상태를 제거하여 줄 것을 청구하는 권리"를 말한다(예, 토지수용처분이 취소된 후에도 반환하지 않고 계속 공공용지로 사용하는 경우 등).[2]

3. 희생보상청구권

희생보상청구권이란 전염병예방접종사고로 생명·신체가 침해된 경우에 손실보상을 청구하는 것을 말한다. 이에 대한 인정여부에 관하여는 학설의 대립이 있다.

2) 학자에 따라서는 원상회복청구권(김도창(상), p.645) 또는 방해배제청구권(이상규(상), p.625)이라고 하기도 한다.

제5장 행정쟁송

제1절 개설

Ⅰ. 행정쟁송의 의의

행정쟁송이란 "행정법상의 법률관계에 관한 분쟁이 있을 경우에 당사자의 청구에 의하여 일정한 심판기관이 이를 심리·판정하는 절차"를 말한다.

Ⅱ. 행정쟁송제도의 기능

1. 국민의 권익구제

행정쟁송제도는 기본적으로는 위법·부당한 행정처분의 취소·변경을 통하여 침해된 국민의 권익을 구제하기 위하여 존재하는 것이다.

2. 행정의 자기통제

행정청 자신이 행하는 행정심판제도에 의하여 특히 발휘되는 기능이다.

Ⅲ. 행정쟁송의 종류

행정쟁송은 심판기관·내용·절차 등을 기준으로 여러 가지로 분류할 수 있다.

1. 실질적 쟁송과 형식적 쟁송

① 실질적 쟁송이란 행정상의 법률관계에 관한 분쟁이 있는 경우에 그 분쟁을 해결하기 위한 절차를 말하며, ② 형식적 쟁송이란 이러한 분쟁을 미리 예방하기 위하여 행정권이 발동되기 전에 처음부터 형식적으로 쟁송절차와 유사한 절차를 거쳐 발동되도록 함으로써 행정처분의 적법·타당성을 확보하기 위한 절차를 말한다.

3. 정식쟁송과 약식쟁송

분쟁의 공정한 해결을 위해서는 ① 심판기관이 독립한 지위에 있는 제3자이고, ② 심리절차에 있어서 당사자의 구두변론의 기회가 보장되어야 하는 바, 이를 모두 갖춘 것을 정식쟁송이라 하고, 어느 하나 이상이 결여된 것을 약식쟁송이라 한다. 행정소송은 전자, 행정심판은 후자에 해당된다.

4. 항고쟁송과 당사자쟁송

① 항고쟁송이란 이미 행하여진 행정처분의 위법·부당을 이유로 그 취소·변경을 구하는 쟁송이다. ② 당사자쟁송이란 우월한 의사의 주체에 의한 일방적 처분이 있고 상대방이 이에 불복하는 절차가 아니라, 서로 대등한 당사자의 관계에 서서 공법상의 법률관계의 형성·존부에 관한 다툼을 판정

하는 절차를 말한다.

5. 시심적 쟁송과 복심적 쟁송

① 시심적 쟁송이란 어떤 쟁송에 의하여 법률관계가 처음으로 형성되는 것을 말하며, 예컨대 전술한 형식적 쟁송과 당사자쟁송이 이에 해당된다. ② 복심적 쟁송이란 이미 행정작용이 행하여진 후에 그 위법·부당을 이유로 다시 심사해 줄 것을 요구하는 절차를 말하며, 항고쟁송이 이에 해당한다.

6. 주관적 쟁송과 객관적 쟁송

① 주관적 쟁송이란 행정작용으로 인하여 개인의 권리·이익이 침해된 경우에 그 구제를 구하는 쟁송을 말하며, 일반적으로 모든 쟁송은 이에 해당한다. ② 객관적 쟁송이란 특정 개인의 권익구제를 목적으로 하는 것이 아니라 행정작용의 객관적인 적법·타당성의 확보 또는 공공의 이익보호를 직접 목적으로 하는 쟁송을 말한다.

7. 민중쟁송과 기관쟁송

① 민중쟁송이란 행정법규의 위법한 적용을 시정하기 위하여 일반민중 또는 선거인에게 쟁송제기를 인정한 것을 말한다. ② 기관쟁송이란 국가·공공단체의 기관 상호간의 분쟁해결을 위한 쟁송이다.

주관적 쟁송 · 객관적 쟁송	① 주관적 쟁송은 쟁송제기자의 권리 · 이익의 구제를 직접목적으로 하는 것, ② 객관적 쟁송은 적법성 · 공익의 보호를 직접 목적으로 하는 쟁송
항고쟁송 · 당사자쟁송	① 항고쟁송은 위법 · 부당한 행정처분에 대하여 그 취소나 변경을 구하는 쟁송(이의신청 · 행정심판 · 항고소송), ② 당사자쟁송은 상호 대립하는 대등한 당사자간에 법률상의 다툼이 있는 경우에 일방당사자가 타방당사자를 상대로 하는 쟁송(토지수용에 있어서의 재결의 신청, 행정소송법상의 당사자소송, 공무원의 봉급청구 등)
민중쟁송 · 기관쟁송	① 민중쟁송은 행정법규의 적법 · 타당한 적용을 보장하기 위하여 널리 일반민중 또는 선거인에 의하여 제기되는 쟁송(선거 또는 당선의 효력에 관하여 선거인이 제기하는 선거소송). ② 기관쟁송은 행정법규의 적정한 적용을 보장하기 위하여 국가 또는 공공단체의 기관상호간의 분쟁을 해결하기 위하여 인정되는 경우의 쟁송(지방자치단체의 장이 지방의회의 의결의 월권 · 위법 등을 이유로 대법원에 제기하는 소송)
정식쟁송 · 약식쟁송	① 정식쟁송은 쟁송에 대한 공정한 심판을 기하기 위하여 심판기관이 완전히 독립된 지위를 가지고 있고, 그 절차에 있어 상호대립하는 양당사자에게 구두변론의 기회가 보장되는 쟁송(행정소송), ② 약식쟁송은 이 두 요건 중 어느 하나를 결여한 쟁송(행정심판)
시심적 쟁송 · 복심적 쟁송	① 시심적 쟁송은 행정법관계의 형성이나 존부에 관한 제1차적 행정작용 그 자체가 쟁송의 형식을 거쳐 행해지는 절차(당사자 쟁송). ② 복심적 쟁송은 이미 행하여진 행정청의 처분의 하자를 주장하여 이의 재심사를 구하는 쟁송(항고쟁송).
행정심판 · 행정소송	① 행정심판은 행정기관에 의하여 심리 · 재결, ② 행정소송은 법원에 의하여 심리 · 판결

제2절 행정심판

Ⅰ. 행정심판의 의의

행정심판이란 일반적으로 행정기관이 재결청이 되어 행하는 행정법상의 분쟁해결절차를 말한다. 즉 행정청의 위법·부당한 행정처분이나 기타 공권력의 행사·불행사로 인하여 권리·이익을 침해당한 자가 행정기관에 대하여 그 시정을 구하는 절차를 말한다(실질적 의미의 행정심판).

Ⅱ. 행정심판의 종류

행정심판법상의 행정심판은 취소심판·무효등확인심판·의무이행심판의 세 가지로 구분되고 있다(동법 제4조). 이 중에서 취소심판이 가장 기본적인 형태이다.

1. 취소심판

의의	행정청의 위법 또는 부당한 처분의 취소나 변경을 신청하는 심판(취소심판은 일정한 청구기간 내에 심판청구를 제기하여야 함)
성질	형성적 쟁송(통설)
특징	① 청구기간의 제한, ② 집행부정지의 원칙, ③ 심리절차의 개(대통령령으로 정하는 사항은 비공개), 서면심리 · 구술심리, ④ 사정재결의 인정

2. 무효등확인심판

의의	행정청의 처분의 효력유무 또는 존재여부에 대한 확인을 구하는 심판
성질	준형성적 쟁송(통설)
특징	청구기간의 제한에 관한 규정 및 사정재결에 관한 규정은 적용되지 않음

3. 의무이행심판

의의	행정청의 위법 또는 부당한 거부처분이나 부작위에 대하여 일정한 처분을 하도록 하는 행정심판
성질	이행쟁송
특징	① 부작위에 대한 의무이행심판은 청구기간의 제한을 받지 않지만, 거부처분에 대한 의무이행심판은 그러한 제한을 받는다. ② 집행정지에 관한 규정은 적용되지 않는다.

Ⅲ. 행정심판의 대상

1. 개괄주의의 채택

행정심판의 대상이란 행정심판사항, 즉 심판청구의 제기대상으로 삼을 수 있는 사항을 말하는 바 행정심판법은 행정청의 위법 또는 부당한 처분에 대하여 널리 행정심판을 제기할 수 있게 하여 이른바 개괄주의를 채택하고 있다(제3조 1항 참조). 행정심판을 제기할 수 있는 사항을 한정하여 명기하지 아니하고 모든 처분에 대하여 행정심판을 제기할 수 있게 하였다.

2. 행정청

행정심판의 대상은 행정청의 처분 또는 부작위이다. 여기서 행정청이란 처분 또는 부작위를 할 수 있는 권한을 가진 행정기관, 즉 국가 또는 지방자치단체의 행정에 관한 의사를 결정하고 이를 대외적으로 표시할 수 있는 권한을 가진 행정기관을 말한다. 학문상의 행정관청을 말한다. 중앙행정조직에서는 행정관청, 지방행정조직에서는 행정청이라 하는데 이들 둘을 합하여 행정심판법에서는 행정청이라 표시하고 있다.

3. 처분

행정심판법상의 처분이란 행정청이 행하는 구체적 사실에 관한 법집행으로서의 공권력의 행사 또는 그 거부와 그밖에 이에 준하는 행정작용을 말한다(제2조 1항). 처분은 외부에 표시된 행위로 볼 것이므로 행정기관의 내부적 행위(결재만 있는 경우 또는 행정기관 상호간의 행위)는 이에 포함되지 않는다. 또한 알선·권고·주의 등과 같은 아무런 법률효과가 발생하지 아니하는 사실행위는 포함되지 아니 한다.

대통령의 처분 또는 부작위에 대해서는 다른 법률에 특별한 규정있는 경우를 제외하고는 행정심판을 제기할 수 없다(제3조 2항).

4. 부작위

행정심판법에서 말하는 부작위라 함은 행정청이 당사자의 신청에 대하여 상당한 기간내에 일정한 처분을 하여야 할 법률상 의무가 있음에도 불구하고 이를 하지 아니하는 것을 말한다(제2조 1항 2호).

Ⅳ. 행정심판위원회

<table>
<tr><td>의의</td><td colspan="2">행정심판의 청구를 수리하여 이를 심리 · 재결하는 권한을 가진 행정기관</td></tr>
<tr><td rowspan="3">행정심판 위원회</td><td>설치</td><td>행정청의 처분 또는 부작위에 대한 행정심판의 청구를 심리 · 재결하기 위하여 해당 행정청의 직근상급행정기관 소속으로 행정심판위원회를 둔다.</td></tr>
<tr><td rowspan="2">구성</td><td>보통 행정심판위원회(제7조)</td></tr>
<tr><td>중앙행정심판위원회(제8조)</td></tr>
<tr><td rowspan="3">위원 등의 제척·기피·회피사유</td><td>제척</td><td>법정사유가 있으면 법률상 당연히 그 사건에 대한 직무집행에서 배제</td></tr>
<tr><td>기피</td><td>제척사유 이외에 심리 · 재결의 공정을 기대하기 어려운 사정이 있는 경우에 당사자는 기피신청을 할 수 있고 위원회의 결정에 의하여 위원은 직무집행으로부터 배제</td></tr>
<tr><td>회피</td><td>위원 스스로가 제척 또는 기피사유가 있다고 인정하여 자발적으로 그 사건의 심리 · 재결에서 피하는 것</td></tr>
</table>

Ⅴ. 행정심판의 당사자와 관계인

1. 행정심판의 당사자

행정심판도 쟁송인 이상 행정소송과 마찬가지로 청구인과 피청구인이 서로 대립하여 어느 정도 대등한 지위에서 공격·방어의 방법으로 의견진술과 증거를 바탕으로 하여 심리가 진행되게 되어 있다. 행정심판법은 심리절차와 관련하여 청구인과 피청구인간의 당사자주의적 구조(대심구조)를 취함으로써 행정심판절차의 사법화를 요구하는 헌법 제107조 3항의 취지를 구체화하였다.

(1) 청구인

1) 의의

행정심판의 청구인이란 심판청구의 대상인 행정청의 처분 또는 부작위에 불복하여 그 취소 또는 변경 등을 구하는 심판청구를 제기하는 자를 말한다. 처분의 상대방은 물론 제3자도 청구인이 될 수 있다. 청구인은 자연인·법인이 원칙이나, 법인격 없는 사단이나 재단도 그 대표자 또는 관리인이 있으면 그 이름으로 청구인이 될 수 있다(제10조). 다수인이 공동으로 심판청구를 할 때에는 3인 이하의 대표자를 스스로 선정하거나, 행정심판위원회가 그 선정을 권고할 수 있다(제11조).

2) 청구인적격

① 취소심판의 청구인적격	처분의 취소 또는 변경을 구할 법률상 이익이 있는 자
② 무효등확인심판의 청구인적격	처분의 효력유무 또는 존재여부에 대한 확인을 구할 법률상이익이 있는 자
③ 의무이행심판의 청구인적격	행정청의 거부처분 또는 부작위에 대하여 일정한 처분을 구할 법률상 이익이 있는 자

3) 청구인의 지위승계

원인	행정심판을 제기한 후에 청구인이 사망하는 등 신분상 변동이 생긴 경우 (당연승계와 허가승계)
당연승계	① 자연인이 청구인으로 심판제기를 한 후 사망할 경우 상속인이나 그밖에 법령에 의하여 심판청구의 대상인 처분에 관계되는 권리 또는 이익 ② 법인 또는 법인격 없는 사단이나 재단이 청구인인 경우 다른 법인 등과 합병한 때
허가승계	심판청구의 대상인 처분에 관계되는 권리 또는 이익을 양수한 자는 관계 행정심판위원회의 허가를 받아 청구인의 지위 승계

(2) 피청구인

피청구인적격	심판청구의 대상인 처분이나 부작위를 한 행정청
피청구인의 경정	청구인이 피청구인을 잘못 지정했거나 행정심판이 제기된 후에 행정청의 승계가 이루어진 경우에는 행정심판위원회는 당사자의 신청 또는 직권에 의하여 결정으로써 피청구인을 경정할 수 있다.

2. 행정심판의 관계인

참가인	행정심판의 심판결과에 대하여 이해관계가 있는 제3자, 또는 행정청(행정심판위원회의 허가 요)
대리인	① 청구인은 법률의 규정에 의한 대리인 외에 배우자 · 직계존비속 · 형제자매 · 법인의 임직원 · 변호사 기타 행정심판위원회의 허가를 받은 자를 행정심판절차에 있어서의 대리인으로 선임할 수 있다. ② 피청구인도 그 소속직원 · 변호사 기타 행정심판위원회의 허가를 받은 자를 대리인으로 선임할 수 있다.

Ⅵ. 행정심판의 청구

1. 청구인 등

청구인	법률상 이익이 있는 자 또는 처분의 취소로 인하여 회복되는 법률상 이익이 있는 자(자연인은 물론 법인도 가능)	
심판청구사항(대상)	원칙적으로 행정청의 모든 위법 · 부당한 처분 또는 부작위	
심판청구기간	원칙	처분이 있음을 안 날로부터 90일(불변기간) 이내에, 처분이 있은 날로부터 180일 이내(이 두 기간 중 어느 하나라도 지나면 당해 심판청구를 하지 못함)
	예외	① 90일에 대한 예외로는 청구인이 천재 · 지변 · 전쟁 · 사변 그 밖에 불가항력으로 인하여 처분이 있음을 안 날로부터 90일 이내에 심판청구를 할 수 없었을 때에는 그 사유가 소멸한 날로부터 14일 이내에 제기할 수 있음(단, 국외에서의 경우에는 30일) ② 180일에 대한 예외로는 180일이 경과하더라도 정당한 사유가 있는 경우(정당한 사유란 불가항력의 정도까지는 이르지 못하더라도 180일 이내에 심판청구를 못함을 정당화할 만한 객관적 사유)
심판청구의 방식	서면주의	

2. 행정심판청구의 변경

의의	심판청구를 제기한 후에 일정한 사유가 있어서 당초에 청구한 심판사항을 변경하는 것
청구변경의 허용범위	청구의 기초에 변경이 없는 범위 안에서 청구의 취지 또는 청구이유 변경가능

행정청의 처분 변경으로 인한 청구의 변경	예컨대 허가취소처분을 1년의 허가정지처분으로 변경하는 경우에 청구인은 행정청의 변경된 처분에 맞추어 청구취지 또는 이유를 변경할 수 있다.
변경절차	청구의 변경은 서면으로 신청하여야 하며, 서면은 그 부본을 다른 당사자에게 송달하여야 함(청구의 변경은 행정심판위원회의 허가사항)

3. 행정심판청구의 효과

(1) 집행정지결정의 요건

적극적 요건	① 처분의 존재
	② 심판청구의 위원회에의 계속
	③ 회복하기 어려운 손해예방의 필요
	④ 긴급한 필요
소극적 요건	적극적 요건이 모두 충족되어도 집행정지가 허용될 수 없는 경우(공공복리에 중대한 영향을 미칠 우려가 있는 경우에는 허용되지 않음)

(2) 집행정지결정의 대상

① 처분의 효력정지	행정처분의 여러 가지 효력(구속력 · 공정력 · 집행력 등)을 본안에 대한 재결이 있을 때까지 잠정적으로 정지시키는 것
② 처분의 집행정지	행정청이 행정처분의 내용을 강제로 실현하는 집행력(자력집행)의 행사를 정지시킴으로써, 처분의 내용이 실현되지 아니한 상태로 두는 것
③ 절차의 속행정지	여러 단계의 처분으로 행해지는 일련의 행정처분에 있어서 당해 처분의 유효를 전제로 일련의 남아 있는 후속처분을 정지시키는 것

Ⅶ. 행정심판의 심리

1. 의의

행정심판의 심리란 재결의 기초가 되는 사실관계 및 법률관계를 명백히 하기 위하여 행정심판위원회가 당사자의 주장을 듣고 증거 기타의 자료 수집·조사하는 일련의 절차를 말한다.

2. 심리절차의 기본원칙

대심주의와 직권심리(탐지)주의의 가미	① 행정심판은 대심주의를 택하고 있음(대심주의란 청구인과 피청구인이 서로 대등한 입장에서 공격 · 방어하고, 이를 바탕으로 심리를 진행하는 방식) ② 직권탐지주의 가미(행정심판위원회는 사건의 심리를 위하여 필요하다고 인정할 때에는 직권에 의하여 증거조사를 할 수 있으며, 당사자가 주장하지 아니한 사실에 대해서도 심리할 수 있음)
구술심리주의와 서면심리주의	행정심판의 심리는 구술심리 또는 서면심리로 한다. 다만, 당사자가 구술심리를 신청한 때에는 서면심리만으로 결정할 수 있다고 인정되는 경우 외에는 구술심리로 하여야 함
비공개주의	행정심판은 서면심리의 방식을 원칙으로 하고 있다고 보고, 직권심리주의 등을 채택하고 있는 점에 비추어 비공개를 원칙으로 하고 있다고 해석됨

Ⅷ. 행정심판의 재결

1. 재결의 종류

<table>
<tr><td>요건재결
(각하재결)</td><td colspan="3">각하재결이란 행정심판청구의 요건심리의 결과 그 제기 요건에 흠결이 있어 부적법한 행정심판에 대하여 청구의 내용인 본안의 심리를 거부하는 재결을 말한다(제43조 제1항).</td></tr>
<tr><td rowspan="5">본안재결</td><td>기각재결</td><td colspan="2">본안심리의 결과 심판청구가 이유 없다고 하여 청구를 배척하고 원처분을 시인하는 재결(제43조).</td></tr>
<tr><td>사정재결</td><td colspan="2">청구인의 심판청구가 이유 있다고 인정되는 경우에도 이를 인용하는 것이 『현저히 공공복리에 적합하지 아니하다고 인정하는 때』에는 위원회의 의결을 거쳐 그 심판청구를 기각하는 재결(제44조).</td></tr>
<tr><td rowspan="2">인용재결</td><td>의의</td><td>본안심리의 결과 심판청구가 이유 있다고(즉, 원처분 또는 부작위가 위법·부당하다고) 인정하여 청구인의 청구취지를 받아들이는 재결</td></tr>
<tr><td>종류</td><td>① 취소 · 변경재결, ② 무효등확인재결, ③ 의무이행재결</td></tr>
</table>

2. 본안재결

<table>
<tr><td>기각재결</td><td colspan="2">본안심리의 결과, 그 심판청구가 이유없다고 인정하여 청구를 배척하고 원처분을 지지하는 재결</td></tr>
<tr><td rowspan="4">사정재결</td><td>의의</td><td>심판청구에 대한 심리의 결과 그 심판청구가 이유 있다고 인정되는 경우에도 이를 인용하는 것이 현저히 공공복리에 적합하지 아니하다고 인정하는 때에 그 심판청구를 기각하는 재결</td></tr>
<tr><td>주문의 명시</td><td>사정재결을 할 때에는 재결의 주문에 그 처분 또는 부작위가 위법·부당함을 명시하여야 함</td></tr>
<tr><td>구제방법</td><td>사정재결을 함에 있어 청구인에게 손해배상·피해방지시설의 설치 기타 상당한 구제방법을 스스로 취할 수 있게 하거나, 피청구인으로 하여금 그러한 구제조치를 취할 것을 명할 수 있음</td></tr>
<tr><td>적용범위</td><td>사정재결은 취소심판 및 의무이행심판에만 인정</td></tr>
<tr><td rowspan="4">인용재결</td><td>의의</td><td>본안심리의 결과 심판청구가 이유있다고 인정하여 심판청구의 취지를 받아들이는 재결</td></tr>
<tr><td>취소·변경재결</td><td>취소심판의 청구가 이유있다고 인정할 때에는 위원회가 스스로 처분을 취소 또는 변경하거나 처분청에 대하여 당해 처분의 취소 또는 변경을 명하는 재결</td></tr>
<tr><td>무효등확인재결</td><td>무효등확인심판의 청구가 이유있다고 인정할때는 처분의 효력유무 또는 존재여부를 확인하는 재결</td></tr>
<tr><td>의무이행재결</td><td>의무이행심판청구가 이유있다고 인정한 때에는 지체없이 신청에 따른 처분을 하거나 처분청에게 그 신청에 따른 처분을 할 것을 명하는 재결</td></tr>
</table>

3. 재결의 효력

기속력	위원회의 재결이 있으면 피청구인인 행정청과 그 밖의 관계행정청이 그 재결의 내용에 따라 행동해야 할 의무를 발생시키는 효력
형성력	재결의 내용에 따라 법률관계의 발생이나 변경 또는 소멸을 가져오는 효력(제3자에게도 미치므로 이를 대세적 효력이라고도 함)
불가쟁력	재결에 대해서는 다시 행정심판을 제기하지 못함(단, 재결자체에 고유한 위법이 있는 경우에만 행정소송의 제기가 허용)
불가변력	재결은 일단 정해지면 비록 위법 · 부당하다고 생각되는 경우에도 위원회 스스로 그 재결을 취소 또는 변경할 수 없는 불가변력이 발생

Ⅸ. 고지제도

의의	처분을 행하면서 그 상대방이 처분에 관하여 행정심판을 제기하고자 하는 경우에 필요한 사항을 알려주도록 행정청에서 의무지우는 제도
고지의 필요성	행정심판청구의 기회보장
	행정의 적정화 확보
고지의 종류	직권에 의한 고지
	청구에 의한 고지
불고지	처분청이 심판청구기간을 고지하지 아니한 때에는 심판청구기간은 당해 처분이 있은 날로부터 180일이 된다.
오고지	행정청이 고지한 심판청구기간이 법에 정한 심판청구기간보다 긴 때에는 그 잘못 알린 기간 내에 심판청구가 있으면 그 심판청구는 적법한 기간내에 제기된 것으로 의제됨.

제3절 행정소송

제1항 총설

<table>
<tr><td>의의</td><td colspan="4">법원이 행정법상의 법률관계에 관한 분쟁에 대하여 정식의 소송절차에 의하여 행하는 재판</td></tr>
<tr><td rowspan="2">기능</td><td colspan="4">권리구제 기능</td></tr>
<tr><td colspan="4">행정통제 기능</td></tr>
<tr><td rowspan="2">한계</td><td colspan="4">사법의 본질에서 오는 한계</td></tr>
<tr><td colspan="4">권력분립에서 오는 한계</td></tr>
<tr><td rowspan="10">종류</td><td rowspan="3">성질에 의한 분류</td><td colspan="3">형성의 소</td></tr>
<tr><td colspan="3">이행의 소</td></tr>
<tr><td colspan="3">확인의 소</td></tr>
<tr><td rowspan="7">내용에 의한 분류</td><td rowspan="4">항고소송</td><td rowspan="3">법정항고소송</td><td>취소소송</td></tr>
<tr><td>무효등확인소송</td></tr>
<tr><td>부작위위법확인소송</td></tr>
<tr><td>무명항고소송</td><td>의무이행소송, 부작위의무소송, 작위의무소송</td></tr>
<tr><td colspan="3">당사자소송</td></tr>
<tr><td colspan="3">민중소송</td></tr>
<tr><td colspan="3">기관소송</td></tr>
</table>

법정항고소송	취소소송	행정청의 위법한 처분 또는 재결 등을 취소 또는 변경하는 소송
	무효등확인소송	행정청의 처분 또는 재결의 효력유무 또는 존재여부를 확인하는 소송
	부작위위법확인소송	행정청의 부작위가 위법하다는 것을 확인하는 소송
당자사소송	행정청의 처분등을 원인으로 하는 법률관계에 관한 소송 그밖에 공법상의 법률관계에 관한 소송으로서 그 법률관계의 한 쪽 당사자를 피고로 하는 소송	
민중소송	국가 또는 공공단체의 기관이 법률에 위법한 행위를 한 때에 직접 자기의 법률상 이익과 관계없이 그 시정을 구하기 위하여 제기하는 소송	
기관소송	국가 또는 공공단체의 기관상호간에 있어서의 권한의 존부 또는 그 행사에 관한 다툼이 있을 때에 이에 대하여 제기하는 소송	

제2항 항고소송

제1관 취소소송

Ⅰ. 개설

의의	행정청의 위법한 처분 또는 재결 등을 취소 또는 변경하는 소송(항고소송이 중심)
성질	형성소송설(판례 · 통설)
	확인소송설
	구제소송설

<table>
<tr><td rowspan="2">재판
관할</td><td>사물
관할</td><td>취소소송의 제1심 관할법원은 피고의 소재지를 관할하는 행정법원</td></tr>
<tr><td>토지
관할</td><td>취소소송은 피고인 행정청의 소재지를 관할하는 행정법원(단, 중앙행정기관 또는 그 장이 피고인 경우의 관할법원은 대법원소재지의 행정법원)</td></tr>
<tr><td>이송</td><td colspan="2">법원은 소송의 전부 또는 일부가 그 관할에 속하지 아니함을 인정할 때에는 결정으로 관할법원에 이송한다.</td></tr>
</table>

Ⅱ. 원고

1. 원고적격

<table>
<tr><td>의의</td><td colspan="2">처분등의 취소를 구할 법률상 이익이 있는 자</td></tr>
<tr><td rowspan="4">학설</td><td>권리구제설</td><td>권리가 침해된 자만이 원고적격 인정</td></tr>
<tr><td>법률상 보호된 이익구제설</td><td>강행법규가 공익의 보호와 동시에 개인의 이익도 보호함을 목적으로 하는 경우에는 그 사익의 침해가 있는 경우에도 원고적격 인정(통설, 판례)</td></tr>
<tr><td>보호할 가치있는 이익구제설</td><td>법률상의 이익이든 사실상의 이익이든 또한 반사적 이익이든 불문하고 널리 소익을 인정 함</td></tr>
<tr><td>적법성 보장설</td><td>행정처분의 적법성 유지를 중시하여 처분의 성질상 당해 처분을 다투기에 적합한 상태에 있는 자에 대하여 널리 소익을 인정 함</td></tr>
</table>

2. 제3자의 원고적격

경업자 소송	행정청의 신규업자에 대한 인·허가처분에 대하여 기존업자가 그의 취소를 구하는 소송
인인(이웃) 소송	제3자에 대한 수익처분에 의하여 불이익을 받은 인근주민이 그 수익처분의 취소를 구하는 소송
환경소송	인인소송보다 폭넓게 쾌적한 생활환경의 유지를 위하여 주민 일반에게 인정되는 소송형태
소비자 소송	소비자가 물품이나 용역의 이용으로 피해를 입은 때에 제기하는 소송(폐교처분의 취소소송 등에서 원고적격 인정)
집단(단체) 소송	행정처분에 의하여 널리 지역주민이나 소비자와 같은 일반의 집단적 이익이 침해된 경우, 이들 전체의 주민대표나 소비자단체 등에 대하여 취소소송의 원고적격을 인정하고 그 판결의 효력을 전체주민과 소비자에게 미치게 함으로써 집단적 분쟁을 용이하게 처리·해결하고자 하는 소송형태(예: 미국의 집단소송, 독일의 단체소송)

※ 경업자소송의 원고적격에 관한 판례

인정된 예	① 기존영업자의 신규영업자에 대한 선박운항사업면허취소소송
	② 자동차운송사업의 노선연장허가취소소송
	③ 기존 시외버스에 대한 시내버스로의 전환을 허용하는 사업계획의 가처분의 취소소송
	④ 화물자동차증차인가취소소송
	⑤ 광구의 증구허가취소소송
	⑥ 약종상영업이전허가취소소송
	⑦ 하천부지점용허가취소소송
부정된 예	① 기존업자가 제기한 신규업자에 대한 공중목욕장영업허가취소소송
	② 석탄가공업허가취소소송
	③ 양곡가공업허가의 취소소송

※ 인인(이웃)소송의 원고적격에 관한 판례

인정된 예	① 주거지역 내의 위법한 연탄공장건축허가취소소송
	② 인근주민이 제기한 자동차LPG충전소 설치허가처분의 취소소송
	③ 전원개발사업실시계획승인처분을 다툴 환경영향평가 대상지역내의 주민의 취소소송
	④ 공설화장장설치를 내용으로 하는 도시계획결정처분에 대한 취소소송
부정된 예	① 인근 공장주들이 제기한 고압가스충전 및 주입시설 설치허가취소소송
	② 상수원보호구역의 변경에 대한 그 상수원으로부터 급수를 받는 인근주민의 취소소송
	③ 인접한 주택의 소유자들이 사생활과 일조권의 침해를 이유로 신축건물의 준공처분의 무효확인을 구하는 소송

Ⅱ. 피고

처분청 등	취소소송은 다른 법률에 특별한 규정이 없는 한 그 처분등을 행한 행정청을 피고로 함
권한승계와 기관폐지	처분등에 관계되는 권한이 다른 행정청에 승계된 때에는 이를 승계한 행정청이 피고로 된다. 또한 처분이나 재결을 한 행정청이 없게 된 때에는 그 처분등에 관한 사무가 귀속되는 국가 또는 공공단체가 피고가 된다.
피고의 경정	소송의 계속 중에 피고로 지정된 자를 다른 자로 변경하는 것(새로운 피고에 대한 소송은 처음에 소를 제기한 때에 제기된 것으로 보며, 종전의 피고에 대한 소송은 취하된 것으로 본다)
공동소송	수인의 청구 또는 수인에 대한 청구가 처분등의 취소청구와 관련되는 청구인 경우에 한하여 그 수인이 공동소송인이 될 수 있다.

Ⅲ. 소송참가

<table>
<tr><td>소송참가의 의의</td><td colspan="2">소송의 계속 중에 제3자가 타인 사이의 소송의 결과에 따라 자기의 법률상의 이익에 영향을 미치게 될 경우 자기의 법률상의 지위를 보호하기 위하여 그 계속중인 소송에 참가하는 것</td></tr>
<tr><td rowspan="4">제3자의 소송참가</td><td>제도의 취지</td><td>실질적인 당사자로서의 지위를 가지게 되는 제3자로 하여금 소송에 있어 공격 · 방어방법을 제출할 기회를 제공하며, 적정한 심리 · 재판을 실현함과 동시에 제3자에 의한 재심청구를 미연에 방지하기 위함</td></tr>
<tr><td>참가의 요건</td><td>① 타인의 취소소송의 계속
② 소송의 결과에 따라 권익침해를 받을 제3자의 존재</td></tr>
<tr><td>참가의 절차</td><td>민사소송법 준용</td></tr>
<tr><td>참가인의 지위</td><td>참가인은 피참가인과 필수적 공동소송에서의 공동소송인에 준한 지위</td></tr>
<tr><td rowspan="4">행정청의 소송참가</td><td>제도의 취지</td><td>다른 행정청의 소송참가는 처분청 또는 재결청 이외의 관계행정청이 직접 소송에 참여하여 공격 · 방어방법을 제출케 함으로써 적정한 심리 · 재판을 도모할 수 있도록 하기 위함</td></tr>
<tr><td>참가의 요건</td><td>① 타인간의 취소소송의 계속
② 다른 행정청일 것</td></tr>
<tr><td>참가의 절차</td><td>당사자 또는 참가를 희망하는 당해 행정청의 신청이나 법원의 직권에 의하여 결정(결정에 대하여는 불복할 수 없음)</td></tr>
<tr><td>참가행정청의 지위</td><td>보조참가자에 준한 지위</td></tr>
</table>

Ⅳ. 취소소송의 제기

1. 예외적 행정심판전치주의에 대한 예외

(1) 행정심판의 재결을 거칠 필요가 없는 경우
① 행정심판의 청구가 있은 날로부터 60일이 지나도 재결이 없는 때
② 처분의 집행 또는 절차의 속행으로 생길 중대한 손해를 예방하여야 할 긴급한 필요가 있는 때
③ 법령의 규정에 의한 행정심판기관이 의결 또는 재결을 하지 못할 사유가 있는 때
④ 그 밖의 정당한 사유가 있는 때
(2) 행정심판을 거칠 필요가 없는 경우
① 동종사건에 관하여 이미 행정심판의 기각재결이 있은 때
② 서로 내용상 관련되는 처분 또는 같은 목적을 위하여 단계적으로 진행되는 처분 중 어느 하나가 이미 행정심판의 재결을 거친 때
③ 행정청이 사실심의 변론종결 후 소송의 대상인 처분을 변경하여 당해 변경된 처분에 관하여 소를 제기하는 때
④ 처분을 행한 행정청이 행정심판을 거칠 필요가 없다고 잘못 알린 때

2. 제소기간

(1) 행정심판의 재결을 거쳐 행정소송을 제기하는 경우
행정심판의 재결서의 정본을 송달 받은 날로부터 90일(불변기간), 재결이 있은 날로부터 1년 이내
(2) 행정심판을 제기하지 아니하거나 그 재결을 거치지 아니하는 경우
취소소송은 처분등이 있음을 안날로부터 90일, 처분 등이 있은 날로부터 1년 이내(이 두 기간은 선택적인 것이 아니라, 그 중 어느 하나라도 도과하면 제소기간이 만료됨)

3. 취소소송의 대상

취소소송의 대상은 『처분 등』이며, 구체적으로는 "행정청이 행하는 구체적 사실에 관한 법집행으로서의 공권력의 행사 또는 그 거부와 그 밖에 이에 준하는 행정작용 및 행정심판에 대한 재결"을 말한다(동법 제2조 제1항 제1호).

처분등의 의의	처분등 이라함은 행정청이 행하는 구체적 사실에 관한 법집행으로서의 공권력의 행사 또는 그 거부와 그 밖에 이에 준하는 행정작용 및 행정심판에 대한 재결	
처분의 범위	사실행위	권력적 사실행위는 취소소송의 대상이 됨
	거부처분	취소소송의 대상이 됨
	무효인 처분	취소소송의 대상이 되지 않음
	일반처분	원칙적으로 처분성 부정(단, 행정청이 우월적인 의사의 발동을 내포하고 또한 대외적으로 영향력을 가진 최종적인 국가의사의 표시행위일 경우 인정)
	예비결정 · 부분허가	행정행위로서의 법적효과가 종국적으로 발생한다는 점에서 행정행위의 실질을 갖는다.
	행정행위의 부관	부담을 제외한 그 밖의 부관은 그 자체는 독립한 행정쟁송의 대상이 되지 않음(판례, 다수설)
	행정입법	취소소송 부정(단, 행정입법에 의하여 권리가 직접 침해될 경우에 취소소송의 대상이 될 수 있음)
	행정심판의 재결	재결 자체에 고유한 위법이 있음을 이유로 하는 경우에 한하여 예외적으로 취소소송의 대상이 될 수 있음

※ 처분성 인정여부에 관한 판례

처분성이 인정된 경우	처분성이 부정된 경우
① 지가공시(개별지가공시및표준지가고시)	① 행정청간의 국유재산이관협정
② 경기도 두밀분교폐지에 관한 조례	② 행정청간의 협의
③ 국가인권위원회의 성희롱결정 및 시정조치권고	③ 행정지도
④ 소속장관의 변상명령	④ 보유처분
⑤ 감사원의 재심의결정	⑤ 고충심사결정
⑥ 대집행계고	⑥ 검찰총장의 재항고기각결정
⑦ 도시계획결정	⑦ 검사의 불기소처분
⑧ 국유재산사용료의 부과처분	⑧ 토지대장 · 가옥대장에의 등재
⑨ 주택건설사업계획승인	⑨ 운전면허행정처분처리대장상의 벌점의 배점
⑩ 입찰자격제한조치	⑩ 지적공부의 복구신청을 거부하는 행위
⑪ 단수처분	⑪ 어업면허의 우선순위결정
⑫ 직접 국민의 구체적 권리나 법적 이익에 영향을 미치는 조례	⑫ 추첨에 의한 운수사업면허대상자 선정행위에서의 추첨
⑬ 국립교육대학 학생에 대한 퇴학처분	⑬ 도로교통법 제118조에 의한 경찰서장의 통고처분
⑭ 제3자효를 수반하는 행정행위에 대한 인용재결	⑭ 공정거래위원회의 고발조치 및 고발의결
⑮ 국유재산의 무단점유자에 대한 변상금부과처분	⑮ 내신성적 산정기준에 관한 시행지침
⑯ 정보제공신청에 대한 거부행위	⑯ 상수원보호구역지정통보
⑰ 행정재산사용 · 수익허가취소	⑰ 대학교원에 대한 임용권자의 재임용제외 결정
⑱ 소멸등록된 실용신안권회복신청거부	⑱ 토지형질변경허가신청 반려처분(헌재는 처분성 인정)
⑲ 환지등기의 등기촉탁신청 거부행위	⑲ 환지계획
⑳ 특허청장의 상표사용권등록행위	⑳ 의료보호진료비 심사결과 통지
° 지방의회의 의장선거, 지방의회의장에 대한 지방의회의 불신임결의, 지방의회의, 지방의회의 의원징계의결	° 국유잡종재산의 대부신청에 대한 거부처분
° 공무원의 면접시험에서의 면접불합격결정행위	° 공무원에 대한 당연퇴직의 인사발령
° 청원경찰에 대한 징계처분	° 정년퇴직통보
	° 동일처분에 대한 반복된 행위
	° 국세환급금결정
	° 세무서장의 과세표준결정, 병역처분을 위한 군의관의 신체등위판정, 택지개발촉진법에 의한 택지공급방법결정
	° 형집행정지 취소처분

Ⅴ. 소의 변경

1. 소의 종류의 변경

의의	청구의 기초에 변경이 없는 한 사실심의 변론종결시까지 원고의 신청에 의하여 결정으로서 소의 변경을 허가할 수 있다.
요건	① 취소소송이 계속되고 있을 것 ② 사실심의 변론종결시 까지 원고의 신청이 없을 것 ③ 취소소송을 '당해 처분등에 관계되는 사무가 귀속하는 국가 또는 공공단체에 대한 당사자소송 또는 취소소송외의 항고소송'으로 변경하는 것일 것 ④ 청구의 기초에 변경이 없을 것 ⑤ 법원이 상당하다고 인정하여 허가결정을 할 것 ⑥ 법원은 소의 변경을 허가함에 있어 피고를 달리하게 될 때에는 새로이 피고로 될 자의 의견을 들어야 함
효과	소의 변경을 허가하는 결정이 있게 되면 새로운 소는 변경된 소를 처음에 제기한 때에 제기된 것으로 보며, 변경된 구소는 취하된 것으로 본다.
소변경의 허가결정에 대한 불복	소변경 허가결정에 대하여 즉시항고를 할 수 있으며, 소변경의 불허결정에 대하여는 민사소송법상의 특별항고 내지 별소의 제기가 가능

2. 처분변경으로 인한 소의 변경

의의	행정청이 소송의 대상인 처분을 소가 제기된 후 변경할 때에 원고가 법원의 허가를 얻어 청구의 취지 또는 원인을 변경하는 경우
요건	① 변경될 소가 계속하고, ② 사실심의 변론종결 전일것이 요구되며, ③ 원고가 당해 처분에 변경이 있음을 안 날로부터 60일 이내에 소의 변경신청을 하여야 하며, ④ 법원의 허가결정이 있어야 함
효과	소의 변경을 허가하는 결정이 있으면 신소는 구소가 제기된 때에 제기된 것으로 보며, 구소는 취하된 것으로 본다.

Ⅵ. 소제기의 효과

1. 의의

취소소송이 제기되면 절차법적 및 실체법적 효과가 발생한다. 절차법적 효과로서 청구에 대한 소송의 계속상태가 발생하는 바, 중복제소가 금지되고, 소송참가의 기회가 생기게 되며(행정소송법 제16조·제17조), 관련청구의 이송이 인정되고(동법 제10조 1항), 처분등의 집행정지결정이 가능하게(동법 제23조)된다. 그리고 실체법적 효과로서 법률상의 기간(제척기간)준수의 효과(동법 제20조)가 발생한다.

2. 집행정지의 요건

적극적 요건	① 적법한 본안소송의 계속
	② 처분등의 존재
	③ 회복하기 어려운 손해예방의 필요
	④ 긴급한 필요
	⑤ 본안청구가 이유 있을 것
소극적 요건	집행정지는 공공복리에 중대한 영향을 미칠 우려가 있는 경우에는 허용되지 아니한다.

3. 집행정지의 결정

정지의 대상	① 처분등의 효력, ② 처분등의 집행, ③ 절차의 속행	
집행정지의 내용	처분등의 효력이나 그 집행 또는 절차의 속행의 전부 또는 일부를 정지하는 것을 그 내용으로 함	
집행정지의 효력	형성력	그 범위 안에서 형성력을 가진다.
	기속력	신청인과 피신청인 및 관계행정청에 대하여도 효력 발생
	제3자에 대한 효력	제3자에 대하여도 효력이 미침
	시간적 효력	결정의 주문에 시기에 관하여 특별한 규정이 없는 때에는 본안판결이 확정될 때까지 존속

Ⅶ. 취소소송의 심리

1. 심리의 내용

소송의 심리란 소에 대한 판결을 하기 위해 그 기초가 되는 소송자료를 수집하는 절차를 말하는데, 요건심리와 본안심리가 있다.

(1) 요건심리

요건심리는 소송이 소송요건을 갖추었는지의 여부를 심리하는 것이며, 제소기간과 예외적 행정심판전치 여부 및 관할권 등 형식적 요건을 심사하여 부적법하다고 판단되면 본안심리에 들어가지 않고 각하한다. 요건심리는 법원의 직권조사사항이며, 사실심의 변론 종결시까지 요건을 갖추면 적법하게 된다.

(2) 본안심리

본안심리는 요건심리 결과 적법한 것으로 판단되면 원고의 청구를 인용할 것인지 기각할 것인지를 심리하는 것을 말한다.

2. 심리의 범위

불고불리의 원칙	불고불리의 원칙(소의 제기가 없으면 재판할 수 없다)이 적용됨 단, 예외 인정
법률문제 · 사실문제	계쟁의 처분이나 재결에 관련되는 모든 법률문제와 사실문제가 그 심리범위에 포함됨
재량문제	재량권의 한계를 넘거나 그 남용이 있는 때에는 법원은 이를 취소할 수 있다.

3. 심리에 관한 절차원칙

(1) 일반원칙

① 처분권주의	절차의 개시, 심판의 대상 및 절차의 종결을 당사자의 의사에 일임하는 것
② 변론주의	당사자가 수집 · 제출한 소송자료에 의해 당사자 쌍방이 구술로서 공격 · 방어하고 법원은 중립적인 위치에서 그들 주장의 진부를 판단하게 하는 것
③ 공개심리주의	재판에 있어서 심리과정을 공개함으로써 그 공정성을 보장하고 사법에 대한 국민의 신뢰를 유지하고 허위진술 · 허위증언을 방지하는데 그 목적
④ 구술심리주의	심리에 있어 당사자 및 법원의 소송행위, 특히 변론 및 증거조사를 구술로 행하는 것이 원칙
⑤ 쌍방심문주의	소송의 심리에 있어 당사자 쌍방에게 주장을 진술할 기회를 평등하게 부여하는 것

(2) 행정소송의 심리절차에 있어서의 특수성

원고책임설(원고부채설)	행정처분의 공정력을 이유로 입증책임은 그 위법을 주장하는 원고측에 있다는 견해
피고책임설	행정청이 행한 행정행위의 적법사유에 대해서는 언제든지 행정청이 입증책임을 져야 한다는 견해
입증책임분배설(일반원칙설 · 법률요건분류설)	행정행위의 공정력과 입증책임의 소재와는 법적 관련이 없기 때문에 취소소송에도 민사소송법상의 입증책임분배의 원칙이 적용되어야 한다는 견해(다수설 및 판례)
독자분배설(특수성인정설)	행정소송에 있어서의 입증책임은 독자적으로 결정 · 분배되어야 한다는 견해

Ⅷ. 취소소송의 판결(취소소송의 종료)

1. 개설

의의	법원이 원칙적으로 변론을 거쳐서 구체적인 행정소송사건에 대한 법적 판단을 선언하는 행위
판결의 종류	종국판결과 중간판결
	소송판결과 본안판결
	전부판결과 일부판결
	인용판결과 기각판결 및 사정판결
판결의 효력	자박력(불가변력)
	형식적 확정력(불가쟁력)
	실질적 확정력(기판력)
	형성력
	기속력
	집행력(간접강제)

2. 판결의 종류

종국판결	행정소송의 전부나 일부를 종료시키는 판결
중간판결	종국판결을 하기 전에 소송의 진행중에 생긴 쟁점을 해결하기 위한 확인적 성질의 판결
소송판결	소송요건을 결하고 있는 경우에 이를 부적법한 것으로 각하하는 것
본안판결	행정소송에 의한 청구의 당부에 대한 판결로서 청구내용의 전부 또는 일부를 기각하거나 인용하는 것을 내용으로 하는 판결
전부판결	당해 사건의 전부에 대하여 동시에 재판하는 것
일부판결	동일한 소송절차로 계속되어 있는 사건의 일부를 다른 부분으로부터 분리시켜 재판하는 것
인용판결	처분의 취소 · 변경을 구하는 청구가 이유 있음을 인정하여 그 청구의 전부 또는 일부를 인용하는 형성판결
기각판결	처분의 취소청구가 이유 없다고 하여 원고의 청구를 배척하는 판결

3. 사정판결

의의	원고의 청구가 이유 있다고 인정하는 경우에도 처분등을 취소하는 것이 현저히 공공복리에 적합하지 아니하다고 인정하는 때에는 법원이 원고의 청구를 기각하는 판결
요건	① 처분등에 관한 취소소송일 것, ② 원고의 청구가 이유 있다고 인정되어야 할 것, ③ 처분등을 취소하는 것(청구인용판결)이 현저히 공공복리에 적합하지 아니할 것 등
주장 · 입증의 책임	피고인 행정청이 주장 · 입증하여야 함(판례는 법원이 직권으로 사정판결을 할 수 있음을 긍정)
효과	사정판결은 청구기각판결인 것이므로 당해 소송의 대상인 처분등이 위법하여 원고의 청구가 이유 있음에도 불구하고 원고의 청구는 기각된다(이 경우 법원은 그 판결의 주문에서 그 처분등이 위법함을 명시하여야 한다).
소송비용	피고가 부담
적용범위	취소소송에서만 인정(무효등확인소송 및 부작위위법확인소송에서는 부정)

4. 판결의 효력

자박력 (불가변력)	판결이 선고되면 선고법원 자신은 이를 취소 · 변경할 수 없는 기속을 받게 된다(자박력, 구속력, 불가변력).
형식적 확정력 (불가쟁력)	상소기간의 경과나 기타의 사유로 상소할 수 없는 때에 판결은 형식적 확정력을 발생한다.
실질적 확정력 (기판력)	소송물(청구)에 관하여 법원이 행한 판단내용이 확정되면, 이후 동일사항이 문제된 경우에 있어 당사자(승계인포함)는 그에 반하는 주장을 하여 다투지 못하며, 법원도 그와 모순 · 저촉되는 판단을 해서는 안 되는 구속력
형성력	판결의 취지에 따라 법률관계의 발생 · 변경 · 소멸을 가져오는 효력
기속력	확정판결은 당사자인 행정청과 관계행정청이 판결의 취지에 따라 행동해야 하는 실체법적 의무를 발생시키는 효력(처분등을 취소하는 확정판결은 그 사건에 관하여 당사자인 행정청과 그 밖의 관계행정청을 기속한다.-행정소송법)
집행력 (간접강제)	판결 등으로 명한 의무이행을 강제집행절차에 의하여 실현할 수 있는 효력(이행판결에 한하여 인정)

5. 관련청구소송의 병합

의의	원고가 같은 피고에 대하여 하나의 소송절차에서 수 개의 청구를 하는 경우
병합의 종류와 형태	① 객관적 병합, ② 주관적 병합, ③ 공동소송으로서의 주관적 병합

6. 병합의 요건

① 소송요건의 구비	관련청구소송이 병합될 본체인 취소소송은 그 자체로서 소송요건(당사자적격 · 전심절차 · 제소기간 · 소익 등)을 구비해야 함
② 관련청구의 범위	취소소송의 대상인 처분등과 관련되는 손해배상 · 부당이득반환 · 원상회복 등 청구소송과 본체인 취소소송의 대상인 처분등과 관련되는 취소소송
③ 병합의 시기	사실심의 변론종결 이전(원시적 병합 및 후발적 병합도 가능)
④ 관할법원	취소소송이 계속된 법원

제2관 무효등확인소송

무효등확인소송이란 행정청의 처분 또는 재결의 효력유무 또는 존재여부를 확인하는 소송을 말한다(행정소송법 제4조 2호). 처분 등의 무효확인소송이 이에 관한 전형적 형태라 할 수 있다. 따라서 무효확인소송 이외에 유효확인소송(예 : 생활보호대상자결정유효확인소송), 존재확인소송(예, 조세부과취소처분자존재확인소송), 부존재확인소송(예, 징발처분부존재확인소송), 실효확인소송(예, 부동산중개업영업정지처분실효확인소송)을 생각할 수 있다. 행정소송법은 무효확인소송을 대표로 하여 무효등확인소송이라고 규정하고 있다.

제3관 부작위위법확인소송

부작위위법확인소송은 행정청이 당사자의 신청에 대하여 상당한 기간내에 일정한 처분을 하여야 할 법률상 의무가 있음에도 불구하고 이를 하지 아니한 경우에 법원이 행정청의 부작위가 위법하다는 것을 확인하는 소송을 말한다(제2조 1항 2호·제4조 3호).

부작위위법확인소송은 행정청의 소극적인 태도(부작위)에 의하여 형성된 위법한 법상태의 제거를 목적으로 하는 것이므로 항고소송의 일종이라 하겠고, 행정소송법도 항고소송의 하나로 규정하였다(제4조 3호). 그러나 행정청의 부작위로 인하여 외부화되고 현실화된 법상태의 위법함을 확인 받으려는 점에서 성질상 확인소송의 일종이다. 따라서 부작위위법확인소송은 행정청에게 적극적으로 어떤 처분을 할 것을 명하는 이행소송도 아니고, 법률관계의 직접적인 발생·변경·소멸을 가져오는 형성소송도 아니다.

제2항 당사자소송

<table>
<tr><td>의의</td><td colspan="2">공법상의 법률관계에 관하여 의문이나 다툼이 있는 경우에 그 법률관계의 당사자가 그 법률관계에 관하여 다투는 소송</td></tr>
<tr><td>피고</td><td colspan="2">국가 또는 공공단체</td></tr>
<tr><td rowspan="8">종류</td><td colspan="2">① 실질적 당사자소송</td></tr>
<tr><td>의의</td><td>당사자 사이의 공법상의 법률관계에 관한 소송</td></tr>
<tr><td rowspan="4">종류</td><td>㉠ 처분등을 원인으로 하는 법률관계에 관한 소송</td></tr>
<tr><td>과세처분의 무효를 전제로 이미 납부한 세금의 반환을 구하는 소송(부당이득반환청구소송), 공무원의 직무상 불법행위로 인한 손해배상청구소송, 공무원의 면직처분의 무효를 전제로 한 공무원 보수 · 연금청구소송 · 토지수용 등 적법한 공권력 행사를 원인으로 하는 손실보상청구소송 등</td></tr>
<tr><td>㉡ 기타 소송법상의 법률관계에 관한 소송</td></tr>
<tr><td>처분등을 원인으로 하지 아니하고도 발생할 수 있는 공법상의 법률관계에 관한 소송(공법상의 신분 · 지위 등의 확인소송, 공법상 · 금전지급청구소송, 공법상 계약에 관한 소송 등)</td></tr>
<tr><td colspan="2">② 형식적 당사자소송</td></tr>
<tr><td colspan="2">실질적으로는 행정청의 처분등을 다투는 소송이면서 형식적으로는 행정청을 피고로 하지 않고, 처분등으로 인하여 형성된 법률관계를 다투기 위해 그 법률관계의 일방당사자를 피고로 하여 제기하는 소송</td></tr>
</table>

제3항 객관적 소송

의의	행정의 적법성보장을 목적으로 하는 소송으로, 특별히 법이 정하는 경우에만 소의 제기가 가능	
종류	민중소송	국가 또는 공공단체의 기관이 법률에 위반되는 행위를 한 때에 직접 자기의 법률상 이익과 관계없이 그 시정을 구하기 위하여 제기하는 소송
	기관소송	국가 또는 공공단체의 기관상호간에 있어서의 권한의 존부 또는 그 행사에 관한 다툼이 있을 때에 이에 대하여 제기하는 소송

참고문헌

김남진, 행정법Ⅰ, 법문사, 2000.

김남진, 행정법의 기본문제, 법문사, 1990.

김동희, 행정법Ⅰ, 박영사, 1999.

김철용, 행정법(Ⅰ), 박영사, 2005.

, 우리 헌법과 통치행위, 법정, 1964.6.

박균성, 행정법(상), 박영사, 2005.

박윤흔, 행정법강의(상), 박영사, 2000.

석종현/송동수, 일반행정법(상) 삼영사, 2009.

이명구, 행정법원론, 대명출판사, 1990.

이상규, 신행정법(상), 법문사, 1995.

홍정선, 행정법원론(상), 박영사, 1998.

Bühler, Die subjektiven Öffentlichen Rechte und ihr Schutz in der deutschen Verwaltungsrechtsprechung, 1914.

E. Forsthoff, Lehrbuch des Verwaltungsrechts, München ; C. H. Beck, 1973,

Garner's Administrative Law 6th ed, 1985.

K. C. Davis, Administrative Law Text, 3rd ed, 1972.

Louis L. Jaffe, Judical Control of Administrative Action(Boston : Lietle, Brown & Company, 1965).

Werner, "Verwaltungsrecht als konkretisiertes Verfassungsrecht", in : DVBL. 1959.

저자약력

설 계 경

한국외국어대학교 졸업(법학석사, 법학박사)

영산대학교 경찰행정학과 교수

영산대학교 법과대학 부학장

영산대학교 공직인재아카데미 위원장

경상남도 행정심판위원회 위원

한국안전연구학회 수석부회장

주요논저

행정법학(상) 공저, 법률출판사

행정법학(하) 공저, 법률출판사

행정법강의, 법률출판사

경찰행정법 공저, 법률출판사

경찰작용의 하자와 국가배상제도에 관한연구

국가배상법 제6조의 배상책임자

환경행정소송의 원고적격에 관한 소고

해양경찰의 업무와 개선방안에 관한 소고

실효적인 자치경찰제도의 도입방안에 관한 소고

행정법 요론

초판 1쇄 인쇄 2015년 12월 5일
초판 1쇄 발행 2015년 12월 11일

지은이 설 계 경
펴낸이 김 용 성
펴낸곳 법률출판사
주 소 서울시 동대문구 휘경동 187-20 오스카빌딩 4층
전 화 02) 962-9154
팩 스 02) 962-9156
등 록 제1-1982호
ISBN 978-89-5821-269-0 93360
홈페이지 www.lnbpress.com
이메일 lawnbook@hanmail.net

정 가 12,000원

※ 본 교재는 2015년도 영산대학교 평생학습중심대학사업단
교재개발 지원에 의하여 출판되었음.